Поэтические дневники

Тетрадь 3

«Наполняйся колодец» (Числа 21:17).

Поэтические дневники

Тетрадь 3

Лариса Хоменко

AuthorHouse™
1663 Liberty Drive
Bloomington, IN 47403
www.authorhouse.com
Phone: 1-800-839-8640

First published by AuthorHouse 02/24/2012

ISBN: 978-1-4685-5860-9 (sc)
ISBN: 978-1-4685-5861-6 (ebk)

Library of Congress Control Number: 2012903140

Printed in the United States of America

This book is printed on acid-free paper.

«This book offers hope and inspiration. Once you read it, you feel the urge to start again from the beginning» (Nadya K.)

«This book should be read by every person that loves God and wants to grow spiritually» (Alla Dvoskin).

«This book is unique in that it shows God in a personal and intimate manner» (Sofia Davydova).

«I would keep this book near me throughout the day in case I need an answer» (Tanya Kozhevnikova).

« All rhymes came from Heaven itself . . . » (Anton Andreev).

«Every page is a revelation. Thank you for the depth and wisdom. This book is a dear friend to me now» (Anna F.)

ОГЛАВЛЕНИЕ
Table of Contents

Часть 2. Статьи и эссе
Part 2

Послесловие
Epiloque

Нет ни одной мысли от Бога, которую не стоило бы записать . . . в виде притчи, песни, псалма, стиха, просто строчки в дневнике, ибо: *«Приобретение мудрости гораздо лучше золота, и приобретение разума предпочтительнее отборного серебра» (Притчи 16:16).*

Все стихи и статьи написаны мной, что касается всего остального... не везде я претендую на авторство. Некоторые услышанные мысли я просто записала, отредактировала и поместила рядом с откровениями, которые мне доверил Бог лично. Впрочем, всем добрым дарам автор—Бог, без Него ничего бы не состоялось, Ему и слава за все.

От автора

Сердце не спит никогда

«. . . спасешься ты и весь дом твой . . .» (Деяния 16:31).

Сердце не спит никогда, оно бьется, работает круглые сутки для того, чтобы жил один человек. С того времени, как я пришла к Богу и впустила Его в свое сердце, мое сердце уже не бьется, чтобы поддержать только мое существование, оно бьется, чтобы поддержать существование мое и всего того «дома», который должен спастись в результате моих молитв по великодушному Божьему обещанью. И чем больше этот «дом», чем больше список людей, за которых я молюсь, чем больше я молюсь, тем больше смысла в работе моего неутомимого сердца.

Сердце мое теперь не спит никогда не только ради меня, но и ради многих других, за которых Бог отдал Своего Сына.

201

«Все Писание богодухновенно и полезно для научения, для обличения, для исправления, для наставления в праведности» *(**2-е Тимофею 3:16**).*

Ты—Слово от Бога,
Любовь и признанье,
Ты—строгий наставник,
Ты—мудрость и знанье,
Святое Писание.

Ты—Слово от Бога,
Любовь и признанье,
Ты—знак на дороге,
Ты—опыт преданий,
Святое Писание.

Нью-Йорк, 11. 13. 02

*****202*****

«Приходящий свыше и есть выше всех . . .» (От Иоанна 3:31).

Поднимитесь над землей,
Поднимитесь над тревогой,
Славьте Бога!
Славьте Бога!
Славьте Бога!

Нью-Йорк, 11. 13. 02

203

«. . . чтобы [было], как написано: хвалящийся хвались Господом» (1-е Коринфянам 1:31).

**Ты—прекрасен,
Когда солнце
И в ненастье;**

**Ты—прекрасен,
Есть улов иль
Пусты снасти;**

**Ты—прекрасен,
Есть успех ли,
Иль несчастье;**

**Ты—прекрасен! Мой Иисус!
Ты—прекрасен! Мой Иисус!
Ты—прекрасен!**

Нью-Йорк, 11. 13. 02

* * *

Двери в сердце—глаза и уши. То, что мы слышим, читаем, видим определяет наши мысли.

* * *

Не ищите под фонарем, где светло, то есть не используйте только людей безотказных. Если Бог призвал вас к лидерству, открывайте новых людей для Бога, терпеливо их взращивайте.

* * *

Где настоящее покаяние—там всегда новое начало. Без покаяния ничего хорошего не произойдет, просите у Бога покаяния—это Его дар.

204

«Ибо так возлюбил Бог мир, что отдал Сына Своего Единородного, дабы всякий верующий в Него не погиб, но имел жизнь вечную» (От Иоанна 3:16).

Еще до того, как Тебя мы узнали,
Ты нас ограждал, чтобы мы не упали,
Чтоб в пропасть с опасной
Горы не скатились,
Чтоб насмерть на скользких
Путях не разбились,
Чтоб встреча с Тобою
Однажды случилась,
И мы состоялись,
В Тебе возродившись.

Нью-Йорк, 11. 13. 02

205

«Ибо Сам сказал: не оставлю тебя и не покину тебя . . .» (К Евреям 13:5).

Любимый мой Отец
Не бросит, не оставит,
Он это написал в
Божественных Посланьях.

Читаю письма те
Я до последней строчки,
Мне дорого в них все
До запятой и точки.

Писание—Слово истины,
Писание—это письма мне . . .

То письма от Отца,
Который верно любит,
Который не предаст,
Который не забудет;

И с Ним я не одна
На этой злой планете,
Любовью неземной
Его Писание светит.

Писание—Слово истины,
Писание—это письма мне . . .

Пусть я не все еще знаю,
Но я Тебе доверяю,
Руки к Тебе простираю,
Сердце Тебе отдаю.

Пусть я не все еще знаю,
Многого не понимаю,
Руки к Тебе простираю,
Верю Тебе и люблю!

Писание—Слово истины,
Писание—это письма мне . . .

Нью-Йорк, 11. 13. 02

206

«Ибо един Бог, един и посредник между Богом и человеками, человек Христос Иисус» (1-е Тимофею 2:5).

Если б не Иисус,
Как бы я узнал,
Что я на дне?
Как бы я узнал,
Что нужно мне?
Как бы я узнал,
Что я—Твой сын,
Что я любим?

Если б не Иисус,
Как бы я узнал,
Что я проснусь?
Как бы я узнал,
Что я спасусь?
Как бы я узнал,
Что я вернусь,
К Отцу вернусь?

Если б не Иисус . . .
Если б не Иисус . . .
Если б не Иисус . . .

Нью-Йорк, 11. 18. 02

* * *

Можно «уйти в монастырь», живя среди людей. Можно посвятить свою жизнь людям, живя в келье.

* * *

Один пастор сказал, что он хочет «гореть», чтобы люди приходили посмотреть, как он «горит», и «зажигались» от него.

Только в духе можно долго «гореть», не сгорая. Горящий по плоти, скоро прогорит и потухнет, потом еще долго будет распространять вокруг себя удушливый запах гари.

* * *

На сегодня Бог решил мои финансовые проблемы так: Он предложил мне пересмотреть и сократить мои расходы.

207

«Наконец, братия мои, укрепляйтесь Господом и могуществом силы Его»
(К Ефесянам 6:10).

Заря любви моей настала
С тех пор, как я Тебя узнала,
Ты дал мне крылья;

Чтоб я руками не махала,
С высоких гор своих взлетая,
Чтоб я парила;

Оделись в перья мои крылья,
Чтоб я любовь не расплескала,
Не уронила;

Заря любви моей настала
С тех пор, как я Тебя узнала,
Ты дал мне крылья.

Нью-Йорк, 11. 22. 02

208

«Никакое гнилое слово да не исходит из уст ваших, а только доброе для назидания в вере, дабы оно доставляло благодать слушающим» (К Ефесянам 4:29).

Я слова нахожу в молитве;
Как грибы, их в лесу собираю;
И в местах совершенно забытых,
Из густой травы поднимаю.
Говорливою птичьей стаей
Строчки днем меня окружают,
Ночью дразнятся светлячками,
И рекой с неземным мерцаньем.
Я ловлю их в воде сачками,
Я за ними бегу по полю . . .
Час приходит, и стих долгожданный,
Как дитя, рождается с болью.

Нью-Йорк, 11. 25. 02

209

«И исполнилось слово Писания: ‘веровал Авраам Богу, и это вменилось ему в праведность, и он наречен другом Божиим’» (Иакова 2:23).

Моя заветная мечта—
Стать Богу другом
навсегда.

Нью-Йорк, 11. 25. 00

* * *

«Это меня не касается» и «мне это не надо»—очень опасные фразы.

* * *

Мы не спасаемся добрыми делами, мы спасаемся для добрых дел.

* * *

Можно правильными словами описывать неправильные дела. Можно рассматривая одни и те же факты, делать противоположные выводы. Все возможно . . . неверующему.

210

Твоя кровь—мой покров,
моя жизнь и моя надежда!
В тех краях, где мечты, где тепло,
где живет любовь,
Я увижу Тебя в лучезарных Твоих одеждах,
В завершенье пути, откликаясь на
нежный зов.

Нью-Йорк, 11. 25. 02

*****211*****

«. . . потому что Я прощу беззакония их и грехов их уже не воспомяну более» (Иеремия 31:34).

Я готова всех обнимать,
Всех любить и писать стихи,
Ведь сегодня Иисус меня спас,
Он меня сегодня простил.

Нью-Йорк, 12. 05. 02

212

«И тотчас отец отрока воскликнул со слезами: верую, Господи! помоги моему неверию» (От_Марка_9:24).

Верю, верю, верю,
Хочу верить.
Помоги моей вере, Господь!

Надеюсь, надеюсь, надеюсь,
Хочу надеяться.
Помоги моей надежде, Господь!

Люблю, люблю, люблю,
Хочу любить.
Помоги моей любви, Господь!

Нью-Йорк, 12. 14. 02

* * *

Очень важен распорядок дня. Когда царь Давид вставал вовремя, в царстве был порядок. Но однажды он на войну не пошел, весь день спал, вышел на кровлю под вечер, зевнул, почесался, потянулся и замер, увидев прекрасную Вирсавию, чужую жену . . .

* * *

Библия—пища для всех, для всех времен, никому никогда не повредит.

* * *

Господь дал яркие краски, каждая—прекрасна в отдельности, каждая может гордиться собой. Потом больше, Он гармонично соединил неповторимые отдельные краски и дал радугу, создав одновременно великую симфонию цвета и великое знамение единства.

***213**

«Великое приобретение—быть благочестивым и довольным» (1-е Тимофею 6:6).

Еще хожу я по земле,
Еще не вечность;
Живу все так же—
Не беспечно, «на конечной»;
Не обеспечена,
Уже не молодая,
Но это почему-то не пугает.
И, как всегда,
Ничем я не владею,
Но все, что нужно мне,
Я в Нем имею.

Нью-Йорк, 12. 17. 02

214

«Если Бог есть, то это серьезно» (из проповеди).

Бог—или есть, или нет!
В мире—вера иль страх?
Бог—или есть, или нет!
Ждет успех или крах?
Бог или есть, или нет!
В мире—тьма или свет?
В мире—жизнь или смерть?
Бог или есть, или нет!

Так что же? Мрак иль надежда?
Давай все на карту бросим,
Давай раздерем одежды
И к Богу придем с вопросом!
Бог—или есть, или нет!

Но помни: Он—Бог Вселенной,
Всесильный и Суверенный!
Никто не знает наверно
Его святых намерений:
Когда Он придет и спросит . . .

Бог задает вопросы!

Нью-Йорк, 12. 18. 02

215

«. . . для неверующих, у которых бог века сего ослепил умы . . .» (2-е_ Коринфянам_4:4).

Мы живем в королевстве
Кривых зеркал,
В королевстве кривых путей;
Мы живем в королевстве
Страха и зла,
Королевстве зловещих идей.

Но мы—дети света,
Мы—дети Бога живого,
Мы—дети света,
Мы—дети Духа Святого,
Мы—дети света,
Мы—дети Божьего царства,
Царства другого:

Царства мира, любви и надежд,
Царства чистых сердец и одежд,
Царства верных святых и друзей,
Царства Бога—Царя царей!

Мы живем в королевстве
Кривых зеркал,
В королевстве кривых путей;
Если ты, друг, сегодня
Это узнал,
Заходи в наш круг поскорей.

Поконо, 12. 24-27. 02

* * *

Человек часто слышит и видит то, что хочет. Ему так удобнее.

* * *

Для бульдога держать добычу—это процесс, совместимый с нормальной жизнью, он полноценно дышит сквозь плотно сжатые зубы. Именно эту способность называют «бульдожьей хваткой».

* * *

Библия предлагает нам быть миролюбивыми: «Если возможно с вашей стороны, будьте в мире со всеми людьми» (*К_Римлянам_12:18*). Но бывает, что трусость и малодушие маскируются под нерушимый вечный нейтралитет.

***216**

«Когда Ангелы отошли от них на небо, пастухи сказали друг другу: пойдем в Вифлеем и посмотрим, что там случилось, о чем возвестил нам Господь» (От_ Луки_2:15).

**Свершилось, сошлось,
Писанье сбылось,
На землю однажды
Пришла любовь с неба,
Родился Христос,
Родился Христос,
Родился Христос
Под звездой Вифлеема.**

**И в каждую дверь,
Тогда и теперь,
Стучится святая
Любовь неземная,
Небесный поток,
Небесный поток,
Небесный поток
Без конца и без края.**

И ты подойди
Под струи любви,
Она обласкает
Тебя и излечит;
Ты сердце свое
Христу подари,
Христу подари
В этот праздничный вечер.

Поконо, 12. 24-27. 02

217

«Ибо весь закон в одном слове заключается: люби ближнего твоего, как самого себя» (К Галатам 5:14).

Разве в мир мы пришли для того,
Чтоб себе лишь служить «старателем»,
Для себя припасая добро,
Лишь к себе относясь внимательно?

Разве в мир мы пришли для себя?
Разве мы—себе господа?

Перестаньте лелеять раны
И поглаживать нежно ссадины,
Перестаньте в себе копаться,
Разбираясь в своих страданиях.

Разве в мир мы пришли для себя?
Разве мы—себе господа?

Посмотрите вокруг, кому хуже . . .
Пригласите его на ужин.

Нью-Йорк, 01. 02. 03

218

«Днем явит Господь милость Свою, и ночью песнь Ему у меня, молитва к Богу жизни моей» (Псалтирь_42:8).

Я так тоскую по Тебе, мой Бог,
У нас такая долгая разлука,
Чтоб быть с Тобой, я со своих дорог
К Тебе в молитве простираю руки.

Нью-Йорк, 2000 г.

* * *

Бог никогда не делает что-то только для одного человека. В задачу Бога не входит набивать сундуки для подвалов «скупого рыцаря».

* * *

Кто разделяет ваше видение, помогут построить это видение, кто против, помогут построить это видение правильными методами и средствами. Наличие тех, кто против, дисциплинирует вас, помогает быть в форме, следить за «чистотой рук». Ни в коем случае не уничтожайте оппозицию. Нельзя безнаказанно уничтожать грызунов или вредителей сельского хозяйства, нельзя осушать «нехорошие» болота или оводнять «нехорошие» пустыни, нельзя ни в чем нарушать баланс, созданный в природе Богом. Поэтому у нас нет другого выхода—как только благословлять своих врагов. И то верно, они выполняют особую роль в нашей жизни, помогая распинать плоть. Кто будет выполнять эту роль? Друзья—не будут. Только не думайте, что придет такое время, когда вы будете это делать сами, добровольно или с удовольствием. Будьте благодарны Богу за всякого врага и оппонента, которого вы научитесь благословлять.

* * *

—Как вы жили до Бога?
—Убого.

219

«Но я к Тебе, Господи, взываю, и рано утром молитва моя предваряет Тебя» (Псалтирь 88:13).

Каждый день, на заре просыпаясь,
Я молитвою день начинаю . . .
Отторгая печаль и тревоги,
Я трусцой от себя убегаю,
Убегаю к любимому Богу
По полоске песчаной дороги.

Нью-Йорк, 01. 03. 03

220

«Как закон, ослабленный плотию, был бессилен, то Бог послал Сына Своего в подобии плоти греховной [в жертву] за грех и осудил грех во плоти . . .» (К_Римлянам_8:3).

Бога распял
Не еврей и не грек,
Бога распял
Человеческий грех,
Тот, что с Адама
Один и на всех—
Грех.

Нью-Йорк, 01. 03. 03

221

«и вас, которые были мертвы во грехах и в необрезании плоти вашей, оживил вместе с Ним, простив нам все грехи . . .» (К_Колоссянам_2:13).

Он много говорить не стал,
С Голгофского креста
Он мир обнял.

Нью-Йорк, 01. 08. 03

* * *

Жизнь напоминает бой боксеров. Уходить от ударов—великое искусство, на этом иногда можно выиграть раунд, но чтобы выиграть поединок, и не один, нужно овладеть искусством принимать удары, отвечать на них, а потом искренне пожать руку сопернику, прощая ему свое поражение.

Вот мы улыбаемся и с удовольствием пожимаем руку сопернику, когда выигрываем бой. Но, когда бой проигран, нам хочется пнуть его ногой за то, что он улыбается нам навстречу. И вообще, легко быть великодушным, когда ты лучше других. Когда—хуже, не озлобиться бы . . .

* * *

Если вы хотите получить то, что вы никогда не имели, вы должны сделать то, что вы никогда не делали.

* * *

Скажите, пастор, если Бог «почил» в субботу от всех Своих дел, то есть, Он ничего в этот день не делает, то как Он умудряется помогать людям?

222

«Вступись в дело мое и защити меня; по слову Твоему оживи меня» (Псалтирь 119:154).

Нападают враги, нападают на душу,
Атакуют и злобствуют тихо в углу.
Я не струшу, заветов Твоих не нарушу,
Не дождутся, с Тобой до черты я дойду.

Ты меня защити от падений и боли,
От обиды, бесчестья, сумы и тюрьмы,
От потерь и болезней, от горькой неволи
Ты меня защити, мой Господь, защити.

Нью-Йорк, 01. 08. 03

223

«Все могу в укрепляющем меня Иисусе Христе» (К_Филиппийцам _4:13).

Открытая Книга,
Открытое Небо,
Открытое Сердце Божье . . .
И все для меня,
И все для тебя
Становится с Ним возможным.

Нью-Йорк, 01. 08. 03

224

«Во свидетели пред вами призываю сегодня небо и землю: жизнь и смерть предложил я тебе . . . Избери жизнь, дабы жил ты и потомство твое . . .» (Второзаконие 30:19).

В природе нет депрессий,
В природе никто
Не уходит на пенсию;
В природе нет сомнений,
Нигде нет в природе
Чего-то среднего:
Лишь «да» и «нет» . . .
Выбери «да»—навсегда;
Лишь жизнь и смерть . . .
Выбери жизнь и—держись!

Нью-Йорк, 01. 08. 03

* * *

Нельзя, чтобы группа из жестоких, эгоистичных, тщеславных, непримиримых, превозносящихся людей превратилась мгновенно в хор ангелов. Поэтому путь в группу прославления должен лежать не только через прослушивание и репетиции, а через тернии страданий и сораспятий. Бог может использовать лишь сокрушенные сосуды.

* * *

От Бога уводят мелочи, не грандиозные вещи.

* * *

Не уходить от ответственности, не уклоняться от ударов, не путать критику с критиканством, гибкость с бесхребетностью, активность с продуктивностью, миролюбие с малодушием, послушание с лицемерием . . . Как же выжить?

225

«Большие воды не могут потушить любви, и реки не зальют ее. Если бы кто давал все богатство дома своего за любовь, то он был бы отвергнут с презреньем» (Песни_Песней_8:7).

Это Ты сегодня, мой Бог любимый,
Окружил народом Твоим счастливым,
Подарил мне розы руками сына,
И назвал принцессой Своей красивой.

Ожерелье нежно на шею повесил
И сказал, что все еще поправимо,
А потом одел мне на руку перстень . . .
Это Ты, конечно, мой Бог любимый!

Мой сосуд наполнил святою силой,
Разогнал в долины мои печали,
А потом Своею рукой незримо
К берегам надежду мою причалил.

Это Ты сегодня, мой Бог любимый,
День рождения мой так справил.

Нью-Йорк, 01. 14. 03

226

Я свободен любить, я свободен дарить,
Я свободен прощать все обиды;
Я свободен забыть, все плохое забыть,
А хорошее помнить и видеть;
Я могу поделиться секретом своим
И свободою наивысшей пробы,
Я могу рассказать, почему я такой,
Почему же такой я свободный!
Я свободен везде, я свободен в тюрьме,
В нищете я свободен и в славе;
И сегодня я самый свободный в толпе,
Потому что Спасителя славлю!

Нью-Йорк, 01. 21. 03

227

Земля была безвидна и темна,
И день за днем такою оставалась . . .
Любовь без пробуждения, зло без сна,
И тьма над бездною, одна лишь только
тьма . . .
Земля была безвидна для меня,
И свет в нее никак не пробивался.

Кровь воскресенья победила тьму
И небеса с землей соединила,
Провозгласила жизнь! И навсегда—
Иисуса кровь—покров и наша сила.
Земля была безвидна для меня . . .
Не забывай,
какой была она.

Колорадо Спрингс, 02. 01. 03

* * *

Можно очень сильно стараться, даже напрягаться и очень профессионально строить . . . но стены вместо мостов.

* * *

Да, от ума бывает горе, как утверждал русский писатель Грибоедов. Но значит ли это, что, если нет ума, то и горя не будет?

* * *

Не путайте место помощника с местом послушника, лицемера или подхалима.

228

**Фараон, отпусти Мой народ,
Пусть идет он вперед, пусть идет
Под защитой Моей десницы,
Отпусти Мой народ поклониться.**

**Море посуху пробежали . . .
Долго шел до горы Израиль.
Все в пустыне, конечно, бывало,
Веры пламенный шар растаял,
Ели манну и змей топтали,
И роптали, роптали, роптали.**

**Вот Моисей . . . Взошел на гору и пропал,
Как будто в бездну провалился.
Ну, как тут будешь не роптать? Кто может знать,
Что с ним могло там приключиться?
Ни Моисея, ни чудес . . .
Зато сомнений целый лес.**

Нью-Йорк, 03. 08. 03

229

«Но верен Господь, Который утвердит вас и сохранит от лукавого» (2-е К Фессалоникийцам3:3).

«Он твердыня; совершенны дела Его, и все пути Его праведны; Бог верен, и нет неправды [в Нем]; Он праведен и истинен» (Второзаконие_32:4).

Без верности не вырастишь цветок,
Не сохранишь зерно для урожая,
Не сложишь песнь на клавишах дорог,
Дом не построишь на лесной поляне.
Без верности не сохранишь друзей,
По горным тропам не пройдешь к вершине,
Не вырастишь в своих садах детей,
Без верности вулкан мечты остынет.
Без верности мы не найдем путей,
Без верности нет ни любви, ни веры . . .

Не избежать без верности потерь.
Как хорошо, что Обещавший верен.

Нью-Йорк, 03. 08. 03

230

«. . . полнота радостей пред лицем Твоим, блаженство в деснице Твоей вовек» (Псалтирь 15:11).

О, если б познали мы сердце Отца до конца,
То как бы тогда встрепенулись от счастья сердца!
Каким бы восторгом взорвалась простая душа!
Какая б тогда разлилась по земле чистота!
Какою бы радугой вдруг заблестела капель!
Какие бы ноты вплелись в соловьиную трель!
Какие бы песни рождались на наших устах!
О, если б познали мы сердце Отца до конца!

Нью-Йорк, 03. 16. 03

* * *

Мы молимся о пробуждении. Пробуждение—это, как если бы мертвые встали с могил. Разве неверующие не мертвые? Как бы мы, люди из церкви, себя чувствовали? Их нужно расселять, обеспечивать едой, обмывать, лечить, учить . . . короче, служить им. Поменялся бы весь наш устроенный церковный уклад. Действительно ли мы хотим этого, когда просим? Может, это к нам относятся слова пророка: «И сказал он: трудного ты просишь» (4-я_Царств_2:10). Мы об этом просто не задумываемся. Или думаем, что это будет делать кто-то другой? Мы будем за них в ответе.

* * *

Разница между шумом и музыкой чаще всего у нас в ушах.

* * *

Хороший способ для пастора или лидера—отвечать через проповеди или молитвы на наболевшие вопросы в церкви. Так можно уходить от ближнего боя, который иногда специально навязывает враг. Но это не может стать единственным способом разговора пастора с паствой, ибо тогда это может привести к превозношению или малодушию.

231

«Благословлю Господа, вразумившего меня . . .» (Псалтирь 15:7).

О, как нужна мне
Праведность Христа,
Чтобы посметь
Войти в Его чертоги,
Чтоб свет Его
Зажегся навсегда
И осветил души
Моей дороги.
О, как нужна мне
Праведность Христа,
Чтоб я Его искать
Не перестал.

Нью-Йорк, 03. 16. 03

232

«Господи, Боже наш! Как величественно имя Твое по всей земле! Слава Твоя простирается превыше небес!» (Псалтирь 8:1).

Зародившись в ночи,
Вот рассвет наступил,
Травы сбрызнул росой
И песок остудил.
Ветер море слегка
Вспенил, волны поднял,
И, как стадо свое,
Их увел в океан.
Горизонт берегов
Раскалил докрасна,
Облаков материк
Разорвал в острова.
От работы такой
Ветер словно устал,
Колоски посчитать
На поля побежал.
Закачались головки
У злаков в ответ,
То в согласии: «да»,
То в отчаяньи: «нет».
Солнца луч для меня
Облака пробурил,

Гром грозу обещал,
Но потом отменил.
Зародившийся днем,
Вот закат наступил,
И закончился день,
Что Отец подарил.

Нью-Йорк, 03. 20. 03

233

«Но Он изъязвлен был за грехи наши и мучим за беззакония наши; наказание мира нашего [было] на Нем, и ранами Его мы исцелились» (Исаия 53:5).

«Но знаю вас: вы не имеете в себе любви к Богу» (От Иоанна 5:42).

Господь однажды к нам на землю
Явился в образе Христа . . .
Его не просто убивали,
Его травили, как врага.
Толпа свирепая кричала
И наступала оголтело,
Солдаты весело ругаясь,
Как злые псы терзали тело.
Над вечным Богом издеваясь,
Все в возбуждении кричали:
«Распни!» Потом Его распяли,
А тернии в висок вонзались.
Он уязвим был для насмешек
И для гвоздей был уязвим,
Но в ожидании смертельном
Он больше жизни нас любил.

А в нашей плоти
Нет ни капли
Любви к Творцу,
Что нас спасал . . .
Когда научимся
Любить мы . . .
Его,
тебя,
себя?
Когда?

Нью-Йорк, 04. 03. 03

* * *

Это ваша любовь делает меня чище и лучше, это ваши внимательные глаза делают меня смелым и красноречивым . . . это ваш скептический взгляд делает меня сбивчивым и неуверенным.

* * *

Если у вас есть поваренная книга—это еще не значит, что вы умеете готовить.

* * *

Пастор должен совместить несовместимое: безусловное принятие каждого человека (если не он, то кто же) и абсолютное неприятие греха. Пастор должен сделать на земле то, что делает наш Бог на небесах. Трудно ему . . . пастору.

*****234*****

Нам достался с тобой мир вражды,
Нам вражда «улыбается» с детства,
Мир вражды нам достался в наследство,
Мир, в котором дерутся за мир.

В Твой «шолом» шар земной оберни,
Мой Господь! На Тебя вся надежда,
Ты детей, что в военных одеждах
В смерть играют друг с другом, спаси . . .

Нью-Йорк, 04. 04. 03

235

Времена сомнений и печали . . .
Утром чайки жалобно кричали,
Днем безжалостно палило солнце,
Ночью звезды яркие молчали,
Слышен был лишь только стон каната,
Что держал на привязи причалы.

Времена сомнений и печали,
Когда мой Господь не отвечает.

Нью-Йорк, 04. 08. 03

236

Радость ли? Боль паденья?
Мир или миг сраженья?
Дом или вновь дорога?
Лишь бы от Бога.

Горы или долины?
Ямы или вершины?
Праздник или тревога?
Лишь бы от Бога.

Встреча или разлука?
С другом или без друга?
Смерть ли из уст пророка?
Лишь бы от Бога.

Нью-Йорк, 04. 16. 03

* * *

Если случайно посмотришь на малыша, который томится и крутится под ногами в каком-нибудь скучном месте ожидания, он оживляется и сразу же начинает корчить рожицы и что-то изображать. В человеке с самого начала живет артист, но без зрителя он не состоится.

* * *

Не ищите лучшего места, ищите Бога лучше.

* * *

На многие вопросы очень трудно ответить, потому что человек, задающий вопрос, не готов услышать ответ.

Важно, говорит ли вопрос о пытливости автора, о его поиске, или это просто желание, что называется, себя показать.

237

Сейчас ты плачешь по ночам,
От одиночества устав,
И люди рядом говорят:
Такая в жизни полоса,
Господь утрет твою слезу
На небесах.

Судя по всем пророчествам,
Дни раздумий закончились,
И время пришло выбирать:
С кем ты сегодня и где . . .
Господь утрет твою слезу
Здесь на земле.

Нью-Йорк, 04. 16. 03

238

Чтобы построить по Писанью путь,
нужна молитва;
Чтоб по нему идти и не свернуть,
нужна молитва;
Чтобы дойти до глубины сердец,
нужна молитва;
Чтобы понять, как любит нас Отец,
нужна молитва.

Ровно, 04. 24. 03

*****239*****

**Молитесь о больных, чтоб исцелялись,
Молитесь о пропавших, чтоб нашлись,
Чтоб сбитые на землю поднимались,
И обреченные на смерть спаслись.**

**Молитесь, чтобы, выйдя из темницы,
Спасенная душа, прильнув к Отцу,
За неспасенных начала молиться,
Как молится сейчас за нас Иисус.**

Ровно, 04. 24. 03

* * *

Из преданных и внимательных слушателей ученики должны превращаться в «ловцов человеков», в деятельных сподвижников своего учителя—12 были избраны.

* * *

Я всю жизнь копировала, никогда не была собой; все время себя с кем-то сравнивала, что-то кому-то доказывала, контролировала себя жестко, меняя стандарты и планки по новому образцу копирования. И больше всего боялась выглядеть смешной. Была несвободна и незащищена, было какое-то явное сиротство при живых родителях—так я жила без Бога.

* * *

Если бы вы, вдруг, узнали, что когда-то в детстве чуть не утонули, что вас спас от смерти человек, который при этом очень пострадал, как бы вы отнеслись к этой новости?

Думаю, что вы не смогли бы пройти мимо этого сообщения, не отреагировав на него. Даже обыкновенная человеческая благодарность требует этого. Узнать больше об этом человеке, узнать о судьбе его родственников, принять участие в их жизни, сотворить что-то доброе в память об этом человеке . . .

В этой связи, когда мы узнаем, что Иисус умер за нас, и никак не реагируем, мы ведем себя, по меньшей мере, странно.

*****240*****

**Мой труд—лишь капля в океане,
А я—лишь капля в Божьем плане,
Но без меня, как я ни мал,
Не будет полным океан.**

Ровно, 04. 24. 03

*****241*****

**Нехорошо быть человеку одному . . .
Не то, чтоб одиночество порочно,
Но так уж повелось, мы знаем точно:
Любовь . . . она не ходит в одиночку.
Нехорошо быть человеку одному.**

Ровно, 04. 24. 03

242

«Нехорошо быть человеку одному . . .»
(Бытие 2:18).

Точка-точка-запятая,
Вышла рожица кривая;
Точка-точка-запятая,
Рядом с ней еще другая;

И пошли по асфальтам
И по стенам домов,
Взявшись за руки дружно,
«Саша+Света=любовь».

Поколенья проходят,
Но опять вновь и вновь,
Возвращается к людям:
«Саша+Света=любовь».

От начала начал
Пришла эта формула счастья,
От начала начал
Пришли эти нежные строчки,
С сотворенья веков
У ладони любви 10 пальцев,
С сотворенья веков
Не ходит любовь в одиночку.

Нью-Йорк, 05. 13. 03

* * *

Все, что делает Господь с твоей жизнью, имеет единственную цель—приблизить тебя к Себе.

* * *

Если один из нас внес в машину горячий кофе, вероятность быть ошпаренным появляется у всех.

* * *

Ко всякому «узлу» нужно правильно подходить. Можно дергать за веревочки, обломать все ногти, так ничего и не добиться. А можно найти правильное место, где достаточно потянуть, расслабить узел, и он тогда легко развяжется сам.

Часто самое правильное место для развязывания сложнейших «узлов»—это прощение и покаяние.

243

На пасху обычно звучит приветствие: «Иисус воскрес», «Воистину воскрес», как бы подчеркивая, что главная суть и чудо пасхи в том, что распятый и умерший на кресте Христос, воскрес. Но не в этом чудо.

Чудо не в том, что Бессмертный воскрес,
Чудо, что Он захотел умереть;
Чудо, что Он смог;
Чудо, что умер Бог.
Чудо не в том, что сейчас Он живой,
Чудо, что мы не погибли с тобой;
Чудо, что мы живем;
Чудо, что с нами Он.
Чудо не в том, что Господь говорит,
Чудо, что голос Его зазвучит
В сердце твоем, моем;
Чудо, что слышим Он.

Нью-Йорк, 05. 13. 03

*****244*****

**Из Божьих рук огромною звездой
Земля скатилась для свободного движенья,
Повисла на короткое мгновенье
И поплыла над черной пустотой.
Не слышно было хора поклоненья
Тому, кто нам планету подарил,
Не создан был алтарь для всесожжений
И фимиам никто не воскурил.**

**Вселенная была тогда пуста и одевались
мраком небеса . . .**

**«Да будет свет»,—сказал Творец во тьму,
И вспыхнул свет, и началась работа,
Трудился Бог, не покладая рук,
Переложив любовь Свою в заботу.
Трудился Бог на небе и земле . . .**

Поклонников же Он потом создал Себе.

Нью-Йорк, 05. 16. 03

245

**Курящая женщина
Смотрит из окна
Дорогой машины,
Втягивая щеки впалые,
Показывая морщины.**

**Курящая женщина
Смотрит уныло
И равнодушно вокруг,
Все надоело, и
Все так постыло,
И есть ли хоть в чем-то суть?**

**Как на безделицы
В собственной спальне,
Смотрит она на мир
Сквозь сигаретный дым,
Не замечая, не замечая
Божьей любви дары . . .**

Да, жизнь бесконечно пуста . . . без Христа.

Нью-Йорк, 06. 03. 03

* * *

Расстояние между словом и делом у нас тем больше, чем правильнее мы говорим. Поэтому так трудно быть пастором. К ним лично всегда повышенные требования, потому что они очень правильно говорят, правильнее других.

* * *

Перестаньте быть пассажиром в своей судьбе.

* * *

Очень важно быть и довольным, и благочестивым одновременно—это, действительно, большое приобретение, как написано в Писании. Не достаточно быть только довольным, всегда довольным, собой довольным, неприступно довольным, недоступным для Бога, для обличения Духом Святым. Не достаточно быть только благочестивым: если ты будешь недовольным в своем благочестии, это никого не будет греть, никому не принесет радость. Это обязательно должно быть вместе: благочестивым и довольным.

*****246*****

**Нам хочется иногда,
Чтобы Бог наш «закрыл бы глаза»
И промолчал; ничего не сказав,
Мимо прошел;
Как я вчера.**

**Нам хочется иногда,
Чтобы Бог наш изменился Сам,
Чтобы сильным на милость сдался
Под нажимом;
Как я вчера.**

**Нам хочется иногда,
Чтобы Бог передал нам Свои
Права, как будто не Он создал
Нас очень давно,
А мы Его . . .**

Нью-Йорк, 06. 03. 03

247

Что накопили в закромах своих сейчас,
Мы безвозвратно потеряем в смертный час;
Из этой жизни мы уйдем без чемодана,
И только вера и любовь пойдут за нами.
Зачем судиться и тревожиться о том,
Что мы никак не сохраним, не сбережем?
На небесах нас ждет особенное счастье,
Ведь Сам Господь раскроет нам Свои
объятья . . .

Быстрей воды течет песок в земных часах,
Еще возможно,
Укорените ваши души в небесах,
Пока не поздно.

Нью-Йорк, 06. 06. 03

248

Я с Богом хочу тишину пополам разделить,
У горного озера свежесть лесную испить,
Высокие копны из трав ароматных сложить,
На самой высокой—одежду свою
расстелить.

Я с Богом хочу небеса пополам разделить,
И все, что Он дал мне, с любовью Ему
возвратить;
О добром мечтая, плохое простить и забыть,
Щитом своей веры союз наш от зла
защитить.

Я с Богом хочу босиком по песку
пробежаться,
К лучам восходящего теплого солнца
прижаться,
Прибой перегнать, и отчаянно так
разогнаться,
Как будто сегодня мне не шестьдесят, а
шестнадцать.

Нью-Йорк, метро, 06. 11. 03

* * *

Жизнь обильная. Было ли когда-нибудь у вас раньше, чтобы вы не успевали сделать все дела и все-таки бежали молиться;

чтобы идей и мыслей было столько, что не успевали записывать, а они продолжали приходить;

чтобы друзей было столько, что невозможно сходить на все дни рождения, но ты старался;

чтобы был Отец, у которого, только подумаешь: «Хорошо бы . . .», а «оно» тут как тут, и что ни попросишь, сразу появляется? Было? Ну тогда вы знаете, что такое «жизнь обильная», обещанная нам на земле любящим Богом.

* * *

Мы должны понять, что жизнь зависит не от намерений (ибо «благими намерениями устлан путь в ад»), а от решений.

* * *

Бог дает желания по Своему благоволению. Здоровые желания тела—тоже от Бога, у тела есть естественные потребности, о них надо заботиться.

*****249*****

**Закрой глаза—ты не увидишь свет,
Не будешь знать, куда тебе идти;
Как страшно вдруг представить—Бога нет,
И ты не знаешь, как Его найти.**

**Как страшно оказаться в темноте:
Без света правды, без Его любви;
Назвать легендой жертву на кресте,
Где жизни Сына Бог не пощадил.**

**Закрой глаза—ты не увидишь свет,
Не будешь знать, куда тебе идти.
Так и без Бога. Если Бога нет,
Нет в жизни ни надежды, ни пути.**

Рединг—Нью-Йорк, автобус, 06. 16. 03

*****250*****

Я думаю, однажды нам всем хорошо бы собраться,
Очень сильно поспорить, поссориться и поругаться,
Может даже подраться . . .
Задохнувшись, устав, замолчать, а потом помолиться,
Всем заплакать, обняться и раз навсегда помириться.

Нью-Йорк, 06. 20. 03

251

«Бедные и нищие ищут воды, и нет [ее]; язык их сохнет от жажды: Я, Господь, услышу их, Я, Бог Израилев, не оставлю их» (Исаия 41:17).

Как раньше, в одежде простой и сандалиях,
Мессия ходил по дорогам Израиля,
Сердца покоряя смиреньем Своим,
Сейчас Он неслышно идет по планете,
Окутанный облаком силы и славы,
Любя и тревожась за хрупкий наш мир.

Спасибо, что ты умереть согласился,
Мессия,
Спасибо, что кровь Твоя жизнь искупила,
Мессия,
Спасибо за жизнь и спасибо за силу,
Мессия,
Мою благодарность Тебе не измерить,
Спасибо,
За то, что призвал в Твою правду поверить,
Спасибо,
И мы не остались в застенках у смерти,
Спасибо.

Как раньше Исаия, скажу Тебе слово:
«Мессия, вот—я, мое сердце готово

Умыть Твои ноги слезами своими,
Мессия,
Чтоб слезы и росы Твой жар остудили,
Мессия,
Чтоб раны Твои моя боль исцеляла,
Мессия,
Чтоб сердце Твое в моем сердце стучало,
Мессия,
Хочу прикоснуться к ладоням пробитым,
Спасибо,
В долинах страданий, на склонах обиды,
Спасибо,
Хочу прикоснуться я к краю одежды,
Спасибо,
На солнечных взлетах хвалы и надежды,
Спасибо,

Любимый, я—Твой навсегда,
Только Твой я, Мессия!»
Голос Божий звучит для меня,
Голос Божий звучит для тебя,
Голос Божий звучит, как набат:
Пришло время! Пора выбирать!

Нью-Йорк—Лонг Айленд, 07. 11. 03

* * *

В «миру» мы любим обычно друг друга за что-то. В Боге постепенно мы начинаем понимать, что любить не за что. Это период «долин» (иногда «смертных теней»), потому что начинаешь разочаровываться во многих близких людях, которые тебя окружают. И вот теперь тебе понадобится Божья любовь, чтобы продолжать любить их, но уже ни за что и без всяких условий.

* * *

Сатана—враг побежденный, он может действовать только в той мере, в какой мы ему позволяем.

* * *

Если бы у вас попросили описать картину мира, какие бы вы использовали образы для этого? Вот один из вариантов: буря, сильный ветер, вырывающий деревья, сносящий крыши домов. Небольшая расщелина в горах, защищенная со всех сторон от ветра, там—карниз, и в глубине карниза гнездо с крошечным, мирно спящим птенцом.

252

Благая весть—
Евангелие—
Трепещет,
Словно знамя!
Христа
Распяли за меня,
Меня же—
Оправдали!
Иисус Христос,
Безгрешный,
Был распят и воскрес,
Иисус Христос—
Сын Божий—
Он взял наш
Грех на крест.
Благая весть—
Евангелие—
Трепещет,
Словно знамя!
Остался жив,
Оправдан я!
Не медли
С покаяньем!

Нью-Йорк, 07. 16. 03

*****253*****

А там, где мы «по плоти» проходили,
Восторженной, лихой, неумолимой,
Там большей частью пустошь и могилы.
Поднимутся ли там ростки опять?
О! Только бы не сорок лет по кругу . . .
Но Бог опять протягивает руку,
Опять мы учимся ходить по духу,
И дай нам Бог, Его уроки взять.

Нью-Йорк, 07. 22. 03

254

«Ты, Господи, един, Ты создал небо, небеса небес и все воинство их, землю и все, что на ней, моря и все, что в них, и Ты живишь все сие, и небесные воинства Тебе поклоняются» (Неемия 9:6).

Я под шум водопада
Вчера засыпала,
Как уставший цветок,
Лепестки затворив,
С ветерком пошепталась,
И он обещал мне,
Ароматы полей
В сладкий сон превратить.
Я под пение птичье
Сегодня проснулась,
И по влажной траве
Я прошлась налегке,
Умывалась росою,
Солнцу я улыбнулась,
Что вставало с постели
В своем далеке.

Я малину в подлеске
Затем собирала,
Возле самого склона,
Вдали от тропы,
И Тебя я искала,
Тебя я искала,
Чтобы спеть о своей
Бесконечной любви.

Пайнкрест, 08. 01. 03

* * *

Наше свидетельство, которым мы побеждаем, говорит не обязательно о том, что мы имеем, а скорее о нашем отношении к тому, что мы имеем, а еще больше—к тому, чего не имеем.

* * *

Храни Слово внутри, чтобы Дух Святой напомнил Его тебе в нужный момент.

* * *

Одно дело проповедовать в церкви или на конференции, куда тебя пригласили главным спикером, а другое дело—свидетельствовать на улице, в самолете, в очереди, в толпе, где тебя не знают, не выделяют, ты просто пешеход и не имеешь никаких преимуществ. Свидетельствовать там, где от тебя никто не зависит; где не знают о почитании служителей Божьих, работающих в Слове; где ты—один из многих, такой, как все.

Я думаю, что, независимо от того, сколько людей собирает проповедник на собрании, на конференции или даже на стадионе, он не должен думать, что освобожден Богом от свидетельства «один на один» в своей повседневной жизни. Личная евангелизация—это та школа смирения и роста, которую не заменит никакое великое служение.

255

Господь, приблизь меня к Себе, мой Бог!
Чтоб Твой огонь зажег не опаляя;
Ты знаешь меру близости такой,
Лишь только Ты ее, родной, и знаешь.

Пайнкрест, 08. 03. 03

*****256*****

Господь, говори, говори!
Рядом с Собой усади,
Нежной рукою
Божьей любви
Сердце мое отвори,
Слух мой открой,
Дух всколыхни,
Кто Ты такой,
Дай мне узнать.

Господь, говори, говори!
Рядом с Собой усади,
Кто Ты такой,
Дай мне узнать,
Сердце мое отвори;
Силу и власть
Откровений
Твоих, чутких,
Как сон, яви!

Господь, говори, говори!
Господь, говори . . .

Пайнкрест, 07. 28. 0

257

Слово послал для меня
Ты среди белого дня.
Пусть оно станет лучом,
Друга надежным плечом,
Щедрой дающей рукой,
Мудрости Божьей рекой.

Нежное Божье касанье
Пусть принесет помазанье!

Пайнкрест, 07. 28. 03

* * *

К вопросу об оппонентах. Если вы оказались в оппонентах, не становитесь Ионой: хорошо, мол, я отойду, я посмотрю со стороны, как развалится твое служение без меня. Ради общих, то есть Божьих целей, не ради своих амбиций, найдите правильное место в конфликте, чтобы «остановить поражение» как можно скорее.

* * *

Все самые страстные и искренние песни, восхваляющие Бога, написаны новообращенными.

* * *

Иисус изучал Писание, живя у родителей.

258

Мой Бог, Дух Святой,
Властелин наших душ,
Ты пройдись меж рядами,
Потухший светильник зажги,
Святою рукой всех коснись,
Наполни сосуды,
Сосуды Твои
Для славы,
Для славы,
Для славы!

Бруклин, 08. 09. 03

259

«Спасай взятых на смерть, и неужели откажешься от обреченных на убиение?» (Притчи 24:11).

Бьется в любви бессмертное Божье сердце!
Бог за тебя взошел на алтарь, поверьте!
Спуск нашей жизни не завершится смертью!
Бьется и в нас бессмертное Божье сердце,
Ты не умрешь, жизнь продолжается вечно!
Ты не умрешь, жизнь продолжается вечно!

Людей, «*обреченных и взятых на смерть*»,
спасите!
За них, как за вас, отстрадал на кресте
Спаситель!

Бруклин, 08. 08. 03

260

Ты ждешь сегодня
Не просто песню,
Ты ждешь сегодня
Слова от сердца,
Ты ждешь сегодня
Жизнь поклоненья,
И мы собрались
Для этой цели!

Зажги Свой огонь,
Огонь чудесный,
Пошли Свой огонь
На нашу песню,
Алтарь разожги,
Для вечной славы,
Уста мы свои
Тебе представим,
Сердца мы свои
Тебе подарим,
Взойдем на Кармил
Своим собраньем!

Алтарь разожги
Для вечной славы,
Пусть ярко горит
Не перестанет!

Бруклин, 08. 09. 03

* * *

Я поняла, что при том, что я очень болезненно относилась к обману, я обманывала много до самого последнего времени, и часто не потому, что хотела, а потому что не знала, что это обман. Но это меня не оправдывает и никого не оправдывает. Сейчас, когда Бог спросил меня, хочу ли я навести порядок в моей жизни, я согласилась. Бог начал понемногу, слава Ему, открывать мои сундуки проблем.

* * *

Если у нас нет Слова Божьего внутри, то тогда нет природы Божьей в нас.

* * *

Человек, которому исправили передние зубы, не сразу начнет широко улыбаться, он еще долго будет прикрывать рот рукой при улыбке.

261

Гимн вере

«Хотя бы не расцвела смоковница и не было плода на виноградных лозах, и маслина изменила, и нива не дала пищи, хотя бы не стало овец в загоне и рогатого скота в стойлах, но и тогда я буду радоваться о Господе и веселиться о Боге спасения моего» (Аввакум 3: 17-18)

Хотя б смоковница моя не расцвела,
Не стало б вдруг овец в загоне,
И виноградник добрый не принес плода,
В безмолвии стояли б стойла,
Хотя б пшеница ломтя хлеба не дала
Иссякло б масло от маслины,
Но будет Бог мой завтра, как всегда,
Источником и радости, и силы!

Он—Бог моего спасения,
Он—Бог моего веселия,
Он! Сила моя в Нем!
Станут ноги мои оленьими,
На высоты взойду весенние,
Он—Бог моего спасения,
Он—Бог моего веселия,
Он! Сила моя в Нем!

Бруклин, 09. 12. 03

262

Ты каждому из нас
Когда-то сказал:
«Лазарь, встань, выходи!»

С пустыми глазами,
Как призраки, мы
Выходили с могил.

И ты не кривился
Брезгливо в лицо
На гной наш и раны.

На нашу походку,
На взгляд из-под лба,
На судьбы рваные.

Не брезговал руку
Давать нам Свою,
Не боялся грязи.

Повязки снимая,
Струпья сухие
И раны смазывал.

Елей, что в сосуде
Твоем дорогом,
Никогда не кончался,

Вечерю святую
Со злейшим врагом
Разделить не гнушался.

Так только любовью,
Любовью Твоей,
Каждый «лазарь» поднялся.

Бруклин, 09. 27. 03

263

На плите пустой гробницы рядом с пеленами лежал сложенный плат, которым при погребении накрыли лицо распятого Иисуса.

Мастера не было видно. Завершил работу, пронеся Свой крест, просто плотник и не просто плотник . . . «Он воскрес» (От Луки 24.6).

Для какой же цели был отвален камень у гробницы?
Для того, чтоб вышел из нее Иисус?
Нет, чтоб ты туда зашел и убедился,
Что Его там нет, и что могильник пуст.
Только плат и пелены лежали сиротливо,
Все, что одевали мертвецу . . .
Утром в воскресенье вместе с Магдалиной
Ты туда войди. Узнаешь: Он ушел к Отцу.

* * *

Можно по-разному праздновать день рождения своего ребенка. Можно говорить о ребенке: какой он красивый, как он вырос, как изменился, чему научился. А можно говорить, сколько ты отдал ему здоровья, сил, сколько ночей не досыпал, как тяжело трудился, чтобы купить ему одежду и игрушки, как не доедал, как ты старался, какой ты молодец . . . ты, ты, ты . . . Так и хочется задать вопрос: чей это день рожденья, в конце концов?

Можно говорить об Иисусе, а можно о том, как ты Ему служишь, какой ты молодец, что позволил Ему сделать с собой то и другое, какой ты умный и чуткий, что так слышишь Его и понимаешь и, вообще, как повезло Богу, что Он тебя спас. Можно говорить об Иисусе, а можно говорить о себе там, где собрались, чтобы услышать об Иисусе.

* * *

Как легко угасить движение Духа Святого в ком-то, если это идет в разрез с желанием плоти, которая привыкла к власти. «Духа не угашайте!». Я думала раньше, что этот призыв относится к Духу Святому в себе, оказывается, можно быть «огнетушителем» и для окружающих.

* * *

Иногда многословием мы пытаемся заменить глубину мысли.

264

«Надав и Авиуд, сыны Аароновы, взяли каждый свою кадильницу и положили в них огня, и вложили в него курений, и принесли пред Господа огонь чуждый, которого Он не велел им» (Левит 10:1)

Сыны Ароновы Надав и Авиуд
Огонь священный сами разжигали,
Пока Арон зажжет, они не ждали,
Они были уверены, что правы:
И мы ничем не хуже—тоже служим тут.

Чуждый огонь—это просто огонь,
Богу святому не нужен он,
Проникает огонь
К нам с чужой стороны,
Он из ада!
Кем он зажжен?
Он чужими руками зажжен,
Нужен ли нам этот
Факел от сатаны?
Нет, не надо.

Огонь в руке бунтаря—
Для Бога совсем не жертва;
Огонь в руке бунтаря—
Вызов Творцу вселенной;
Огонь в руке бунтаря—
На славу Его покушенье;
Это чуждый огонь,
Это чуждый огонь,
Разрушающий соглашенье.

Это символ непослушанья,
Это бунт против Божьей воли,
Призывающий все проклятья
На голову, несущую зло . . .

Огонь, что братья принесли
В тот день, был Богу чужд.
И тут же умерли сыны
Надав и Авиуд . . .

Бруклин, 10. 15. 03

*****265*****

**Здесь Я в тиши пройду,
Найду того,
Чье сердце отзовется,
Затрепещет,
Коснусь его рукой . . .
Я, сотворивший вечность,
Вспорхнувшим огоньком,
Не торопясь,
Зажгу свечу касаньем
Незаметным.**

Я каждую свечу зажгу отдельно.

Бруклин, 10. 27. 03

*****266*****

**Думай о Нем, когда смотришь ввысь,
В осенние желтые кроны;
Думай о Нем, когда видишь лист
В прощальном полете кленовом;
Думай о Нем, когда слышишь пульс
Уходящих в небыль планет . . .**

**Завтра я с мыслью о Нем проснусь,
Прекраснее мысли нет.**

Бруклин, 11. 27. 03

* * *

Никогда не думай, что мысль, которая пришла от Бога, будет «лететь» за тобой всегда или очень долго, как навязчивая муха. Если ты не уделишь ей должного внимания, она исчезнет. Что может быть важнее Божьей мудрости? Ради чего ты упускаешь ее? Остановись, запиши . . . Запиши еще и для того, чтобы освободилось место для новой мысли, оперативная человеческая память не безразмерна.

* * *

В сражении со мной дьявол пользуется определенным арсеналом оружия, которое он специально для меня подобрал, отточил и, что называется, «обкатал» на деле.

Вот как выглядят его «снаряды» для меня: ты это не сможешь сделать; это для тебя уже не подходит, поздно об этом думать, поезд ушел; это не от Бога, это твои мысли; это слишком просто, не записывай, ты запомнишь; это все знают, и это уже не ново и не интересно; это уже было, все так говорят и это банально и не талантливо и т.д.

Дьявол, прочь, во имя Иисуса.

* * *

Слова, которые пришли, как волна на берег, никогда не придут к вам среди суеты города.

267

Я по мокрому песку,
Как по радуге, бегу,
Волны выплеснули песню,
И она на берегу.
Чайка песню подхватила,
Ноты вихрем закружило;
Поднялась и полетела
Вдаль крылатая тахила.
Смолкли взрывы, стихли битвы,
Все не важно, все забыто;
Я за нею полетела,
На крылах моей молитвы.
Аллилуйя, аллилуйя,
Аллилуйя, аллилуйя,
Песню, что дала мне чайка,
Я потом волне вернула.
И она ее собрала,
Подняла и просолила,
Теплым солнцем обласкала
И на скалы уронила.
Отозвались гулко скалы,
В глубину послав аккорды,
И ответили им звуки
Из глубин морей бездонных.
Ну а песня расплескалась
В мириады брызг летящих . . .
И взметнулось сердце к Богу
В благодарности щемящей.
Я по мокрому песку,
Как по радуге, бегу . . .

Бруклин, 11. 28. 03

268

Звезды зажглись и свечи.
В праздничный этот вечер
Сердце грустит немножко,
В детство зовет дорожка.
Там навсегда остались
Сказки о светлых царствах,
Рыцари—королевы,
Запахи свежих елей.
Сладкие сны, мечтанья . . .
Сколько всего мы ждали!
Но не ждали под елкой
Судеб своих нелегких . . .

Что бы там было дальше
В жизни греха-искуса?
Только на наше счастье
Встретили мы Иисуса.

Бруклин, 12. 02. 03

269

«У Тебя исчислены мои скитания; положи слезы мои в сосуд у Тебя,—не в книге ли они Твоей?» (Псалтирь 55:9)

Голос мой поднимается к небу,
Руки к Богу святому взлетают;
Там на небе, где я еще не был,
Где туман под лучами растает,
Там на небе находят молитвы
Тот сосуд, что они наполняют.
Ангел светлый, едва прикасаясь,
Понесет его, тьму раздвигая . . .

Ты терпи и молись, лишь в молитве,
Лишь в молитве начало движенья,
Кулаки придержи в новой битве,
Подожди, чтоб Господь встал в сраженье.

Бруклин, 12. 04. 03

* * *

Евангелие должно удивлять. Какой у нас Бог!

* * *

Се, человек

Помню, теплый день, мы сидим на осеннем киевском солнышке на скамейке возле метро Политехнический, Саша и я. Мы—обе молодые христианки, переводчицы, говорим о высоких материях и обсуждаем попутно, должны ли мы переводить со сцены, если еще не знаем язык достаточно хорошо, не все сразу понимаем. Я абсолютно уверена, что мы должны все делать очень хорошо, не на уровне полуфабрикатов, потому что это для Бога, поэтому лучше нам пока поучиться . . . все по Библии. Саша говорит тоже, кстати, по Библии, что нечего ждать, пока мы станем совершенными, а надо служить. Как есть, так и служить, «время коротко». Бог простит ошибки, люди исправят, плохой перевод все же лучше, чем никакой . . . Мы говорим все правильно, но каждый из нас почему-то четко понимает, что истинные мотивы наших убеждений удивительно не совпадают с тем, что мы говорим. У меня на самом деле просто страх перед аудиторией, а у нее желание быть на виду, чтобы выйти замуж. К этому времени мы уже выросли в Боге настолько, чтобы чувствовать фальшь, но еще не научились быть искренними, поэтому так и не стали настоящими друзьями.

* * *

Думаю, что всегда надо быть хозяином того, что говоришь. Говори или от Бога, или вообще не говори.

270

**Бог—не только ветер попутный,
Иногда—это ветер встречный,
Иногда с Ним в дороге трудно,
Но ведь трудности—это не вечно.**

**Разве удержит тебя сильный шторм,
Если ты по дороге в свой дом?
Разве Ты сменишь родное крыльцо,
Только чтоб спрятать от ветра лицо?**

**Бог—не только ветер попутный,
Иногда—это ветер встречный . . .**

Бруклин, 12. 09. 03

271

Ты был изгнан когда-то из рая
За грех первый твой—непослушанье.

Обречен ты был жить новой жизнью:
Без свободы, как птица без крыльев.
Обречен с тех времен ты скитаться
Без любви, без покоя, без счастья . . .

И пошел ты, судьбу проклиная,
Бог пошел за тобою страдая;
Он не бросил тебя, не покинул,
Ношу проклятой жизни Он принял;
Груз греха Он, наш Спутник всесильный,
Водрузил добровольно на спину,

С первых дней Бог незримо с тобою,
Крест земной и Его стал судьбою . . .
Где бы ни был ты, в грязной канаве,
На прекрасной весенней поляне,
Он с тобою, не ближе—не далее,
Чем страданье твое и дыхание.

**Все Ему расскажи,
Он так хочет простить,
Он так хочет страданья
Твои прекратить
И вернуть тебя в рай,
Из которого изгнан был ране . . .
Приходи! Страстно ждет
Твой Отец покаянья.**

Бруклин, 12. 11. 03

272

Исаия 57

Высокий, Превознесенный!
Живет в небесах сокровенных,
В священных местах вселенной.
Высокий, Превознесенный!
Он в сердце живет сокрушенном,
Он в духе твоем смиренном.

Высокий, Превознесенный!
Живет в небесах сокровенных,
В священных места вселенной.
Высокий, Превознесенный!
Укажет пути сокрушенным,
Он мир принесет смиренным.

Высокий, Превознесенный!
Живет в небесах сокровенных,
В священных местах вселенной.
Высокий, Превознесенный!
Сердца исцелит сокрушенным,
Он дух оживит смиренных.

Высокий, Превознесенный,
Вечно живущий, Святый!
Высокий, Превознесенный,
Вечно живущий, царствуй!

Бруклин, 12. 26. 03

* * *

Я думаю, что, тщательно изучая Писание, по любому вопросу, при соответствующем углублении, можно создать науку. Так когда-то и была создана наука о душе человека—психология. Но потом постепенно люди, что называется, «выплеснули ребенка» вместе с грязной водой при очередном купании, убрали из этой науки Бога, как элемент необязательный. А зачем, если все уже и так понятно с человеческой душой. Человек знал проблему и знал, что надо было делать. В лучших традициях обычной человеческой неблагодарности, присвоив себе всю славу, человек оказался перед единственной, но очень серьезной проблемой: убрав Бога, он не знал, как сделать то, что надо было сделать. И без Бога не знает до сих пор.

* * *

Человек неверующий иногда воспринимает жизнь, как единственную возможность получить наслаждение перед вечной неизвестностью. Это заблуждение, фактически, может стать моральным оправданием любого преступления.

* * *

Твоя судьба зависит не от количества молитвы, а от веры.

273

Это Ты освежаешь меня росой,
Это Ты умываешь меня дождем,
Это Ты пишешь строчки Своих стихов
На песке для меня перстом.

А вчера Ты прислал мне издалека
Светлых чаек парящих и облака,
И закат, что меня красотой пленил
И мелодию мне подарил.

Господь дорогой,
Ты во мне, Ты со мной,
Ты окружаешь меня;
Ты окрыляешь меня;
Ты окружаешь меня,
Так сохраняя от зла.

Бруклин, 12. 26. 03

274

«Просите, и дано будет вам . . .»
(Матфея 7:7).

Я цветок попросил, Ты мне сад подарил;
Я просил, когда жаждал, лишь каплю воды,
Ты мне реки хрустальной воды подарил;

Ветку я попросил, Ты мне лес подарил;
Я мечтал о минуте прекрасной любви,
Ты мне светлую вечность в Тебе подарил;

Я мечтал о луче, солнце Ты подарил;
Я просил дать мне друга, когда был один,
Ты не ждал никого, Ты—Себя предложил.

Ты так много давал, я так мало просил,
Не решался и ждал . . . Ты за это прости.

Бруклин, 02. 04. 04

275

У трона Божьего склоню колени,
Твое Высочество, во мне, цари!
Пусть будут полнота Твоя и цели,
Твою мечту в судьбу проговори!
Ты для меня всегда на пьедестале,
Тебя избрал прибежищем своим,
Тебе мгновенья хрупкие вверяю,
Чтоб Ты их в драгоценность превратил.
Я пал у трона Твоего в смирении,
Твое Высочество, цари во мне, цари!
Хочу услышать Голос повеления,
Что Ты задумал? Делай, говори!
Дай откровенье Твоего пророчества . . .
Я жду, Твое Высочество!
Высочество!

Бруклин, 02. 12. 04

* * *

«Чтобы и они не пришли в это место мучения»

Библия дает много информации об аде: *«озеро огненное»* (Откровение 20:15); *«бездна»* (Откровение 20:1); *«горящие угли, огонь и сера; и палящий ветер—их доля из чаши»* (Псалтирь 10:6); *«при огне пожирающем», «при вечном пламени»* (Исаия 33:14); *«и ввергнут их в печь огненную, там будет плач и скрежет зубов»* (От Матфея 13:41-42); *«и в аде, будучи в муках»* (От Луки 16:23); *«И пойдут они в муку вечную»* (От Матфея 25:46); *«прошу тебя, отче, пошли его в дом отца моего»* (От Луки 16:27); *«чтобы охладил конец перста своего в воде и прохладил язык мой, ибо я мучаюсь в пламени сем»* (От Луки 16:24); *«И хулили Бога небесного от страданий своих и язв своих»* (Откровение 16:11); *«не простится ему ни в сем веке, ни в будущем»* (От Матфея 12:32); *«цепи ада облегли меня, и сети смерти опутали меня»* (Псалтирь 17:6); *«извержены будут во тьму внешнюю: там будет плач и скрежет зубов»* (От Матфея 8:12); *«и дым мучения их будет восходить во веки веков, и не будут иметь покоя ни днем, ни ночью . . .»* (Откровение 14:11); *«и они кусали языки свои от страдания»* (Откровение 16:10); *«Свирепые морские волны, пенящиеся срамотами своими; звезды блуждающие, которыми блюдется мрак тьмы на веки»* (Иуда 13); *«где червь их не умирает и огонь*

не угасает» **(От Марка 9:48);** ***«тот будет пить вино ярости Божьей, вино цельное, приготовленное в чаше гнева Его, и будет мучим в огне и сере пред святыми Ангелами и пред Агнцем»*** **(Откровение 14:10);** ***«ибо у меня пять братьев; пусть он засвидетельствует им, чтобы и они не пришли в это место мучения»*** **(От Луки 16:28);**

Несмотря на то, что так много информации об аде мы находим в Библии, детального или, скажем, конструктивного описания ада в Библии, тем не менее, практически, нет. Да и то подумать, любые описания нам показались бы наивными, а мы всегда больше всего боимся выглядеть смешными. Чтобы нам, не дай Бог, кто-нибудь не сказал: что вы, неужели верите в эти сказки об аде? Никогда.

«Как мы избежим, вознерадев о толиком спасении» **(К Евреям 2:3). В переводе на обычный язык это звучит так: как же мы избежим ада, если не будем прикладывать к этому усилия? Действительно, как?**

* * *

Посеянное на каменистой почве. Да, оно прорастает, всходы будут. Но камень не даст корню развиться, а значит, не даст всходам вырасти и принести плод. Цель же всякого насаждения—плод. Почва—это всегда наше сердце.

Господь, если нет плода из-за того, что в сердце камень, сокруши его.

* * *

Святость церкви начинается не с «него», а с «меня».

276

**Избавь меня, Господь, от гроз пустых обид,
Меня измучили вина и ложный стыд;
Из сердца убери злобу, лукавство, месть,
Мученье ревности глухой, обман и лесть.
От ненависти, зависти меня избавь,
От игрищ грешных и от несмешных забав.
От этих коршунов, терзающих сердца,
Избавь меня, Господь, прошу избавь меня.
Я не хочу их звать, не буду принимать,
Я постараюсь птиц тех нечестивых гнать.
Я знаю, жизнь—война, война, война . . .
Как хорошо, что Бог мой за меня.**

**Я каждый день по искренней молитве
Войду в Его победу в этой битве.**

Бруклин, 02. 15. 04

*****277*****

**Живи, усталости ни в чем не зная,
С Иисусом, Духом Божьим и Отцом;
Живи не суетясь, не отставая,
Заглядывая Господу в лицо!**

Бруклин, 02. 21. 04

278

«Берегись, не склоняйся к нечестию, которое ты предпочел страданию» (Иов 36:21).

Как Иисусу когда-то
Доверил Он смерть на кресте,
Так страданье сегодня
Господь наш доверил тебе,
Чтобы ты терпеливо прошел,
Не сломался под ним, не подвел,
Чтобы мог за обиду и боль
Всех виновных простить . . .
Бог страданье доверил тебе,
Чтоб тебя воскресить.

Денвер—Трентон, 02. 25. 04

* * *

Наркомания—это просто пример зависимости человека от греха, доведенный до высокой, почти сценической наглядности, в котором на коротком временном отрезке видна трагическая неотвратимость платы за грех. Это гротеск любой нашей жизни. Не все мы наркоманы, но все «грехоманы» без Бога—рабы греха, его подданные. Не все мы наркоманы, но все нуждаемся в Божьей реабилитации.

* * *

Страх—художник ужасов.

* * *

Служение, которое изначально возникает из любви и желания посвятить себя Господу, со временем может стать первым соперником любви и посвященности Господу и даже совсем загородить живого Бога. Я думаю, что это и называется—начать по духу, а кончить по плоти.

*****279*****

Благодарю Тебя, что с утра
Милость опять обновилась Твоя;
Благодарю Тебя, что с утра
Милость Твоя обновила меня.

Бруклин, 02. 25. 04

*****280*****

**Если есть место в сердце,
Будет не тесно и в сенцах.**

Бруклин, 02. 25. 04

*****281*****

**Он дал мне власть
Утверждать
Царство Его,
Где б я ни был:
Царство Его в моей жизни,
Царство Его в моем доме,
Царство Его
На земле, как на небе.
Он дал мне власть
Утверждать!**

Бруклин, 02. 27. 04

* * *

Страх—это вариант ограничения свободы: не Бог уже определяет твои действия, а страх, что скажут люди, например.

* * *

Мы, современные Соломоны, просим мудрости. Но относимся ли мы правильно к Божьему слову, через которое приходит Его мудрость? Соломон все тщательно записывал, придавая изящные формы Божьим мыслям. Он написал много стихов, притч, псалмов, фраз, ставших крылатыми. Сколько пословиц и поговорок впоследствии выросло на доброй почве письменного наследия Соломона. Бог дал мудрость Соломону, предвидя его бережное и талантливое отношение к Его слову.

* * *

Осел, на котором Иисус въехал в Иерусалим, был не настолько «ослом», чтобы не понять, что ветки бросали не ему.

*****282*****

**Сквозь нежную листву
На землю и траву
Взгляд с неба пробивается;
Твои сады цветут,
Твои дожди идут,
Моя душа склоняется;
Лучи Твоей весны,
Лучи Твоей любви,
Души моей касаются;
Твои сады цветут,
Твои дожди идут,
Мои стихи слагаются.**

Бруклин, Сигейт, 03. 01. 04

283

То ли плавились свечи, то ль застыли дожди,
То ли звезды во мраке мерцали,
То ли это глаза твои, свет преломив,
Мирозданье Его отражали . . .

Новым чудом каким-то открылся родник
Очищающих слез и печали,
Пробудилась земля, приняла семена,
Арфы в сердце твоем заиграли . . .

Ты сегодня узнал Иисуса . . .

Как весною природа,
Ты сегодня проснулся.

Бруклин, 03. 04. 04

*****284*****

Нам надо жить спешить,
Чтоб рай наполнить,
Ад—опустошить.

Бруклин, 03. 10. 04

Страх создает Голиафов.

* * *

Когда власть духовная и светская в одном лице, это всегда опасно. Костры инквизиции, на которых сжигали инакомыслящих под видом ведьм и колдунов, это страшная иллюстрация времени, когда плотскими методами расправлялись с духовными врагами. Суд за то, что мы родились в грешной оболочке, по человеческим законам, суд без милости . . . Инквизиция—самое мрачное время средневековья, символ мракобесия, жестокости, духовного цинизма. Нельзя повторять ошибок средневековья . . .

* * *

Нужно научиться жить так, чтобы наши дети не споткнулись и не упали из-за нашего лицемерия, потому что мы—их герои.

*****285*****

**Когда трудно бывает,
Бог меня обнимает,
Обнимает волною и ветром,
Гулом улицы, солнечным светом,
Красотою заката, обещаньем рассвета,
Доброй песней, что слышится где-то.
Когда трудно бывает,
Бог меня обнимает
Терпеливым и преданным другом
И молитвы спасательным кругом,
Облаками высокой небесной печали
С теплым мягким дождем покаянья.
Иногда, по особому случаю,
Обнимает меня мой Бог
Внуков маленьких нежными ручками,
Чтоб хватило надолго впрок.**

Бруклин, 03. 12. 04

286

**Я не лучше, увы,
И совсем не добрее других,
Смерть свою за грехи,
Как другие, давно заслужил.**

**Но случилось со мной,
Что я Бога живого нашел,
Он позвал за Собой,
И я просто послушал, пошел.**

**Я теперь с Ним хожу,
Для Него навсегда отделен,
Я не лучше, увы,
А я просто из тех, кто прощен.**

Бруклин, 03. 13. 04

287

А в сердце благодарном тепла не убудет,
Его не завоюет ни стужа, ни ветер,
Холодные погоды приходят—уходят,
И снова солнце яркое светит на свете.

Бруклин, 03. 15. 04

* * *

Я без страха смотрю в завтрашний день не потому, что все будет хорошо (этого нам никто не обещал), а потому что Он «не оставит и не покинет» и проведет, если будет плохо.

* * *

Страх перед ошибками должен быть меньше, чем страх перед застоем
(стагнацией).

* * *

Быть настоящим учителем—это значит учить, оставаясь пожизненным учеником Иисуса, не становясь никогда профессором в собственных глазах.

*****288*****

Никакие порталы и блоки,
Никакая высокая лестница
Не приблизят тебя так к Богу,
Как молитва от чистого сердца.

Бруклин, 03. 18. 04

*****289*****

**Вчерашнее отчаянье
И печали
Уж не печалят,
Вчерашние печали—на крыльях чаек,
И улетают.**

**Вчерашние паденья
И обиды
Уже не жалят,
Вчерашние обиды все позабыты,
Не вспоминаю.**

**Вчерашние собранья
Все чаще я
Припоминаю,
Вчерашние собранья меня сегодня
Так поддержали.**

**Каждое утро нового дня
Божия милость рождает меня.**

Бруклин, 03. 18. 04

290

«И было слово Господне к Ионе, сыну Амафиину: встань, иди в Ниневию, город великий, и проповедуй в нем, ибо злодеяния его дошли до Меня. И встал Иона, чтобы бежать в Фарсис от лица Господня, и пришел в Иоппию, и нашел корабль, отправлявшийся в Фарсис, отдал плату за провоз и вошел в него, чтобы плыть с ними в Фарсис от лица Господа» (Иона 1:1-3).

Куда ты, Иона?
Вот это ново . . .
Ведь ты пророк!
Ну как ты мог?

Корабль же идет в Фарсис,
А Бог-то послал в Ниневию.
Одумайся, Иона, вернись.
Срочно меняй направление!

Бруклин, 03. 18. 04

* * *

Чтобы двигаться вперед, надо, стараясь не делать ошибок, тем не менее, не бояться их делать.

* * *

Несвобода в чем-то—это значит, что в этом «чем-то» тебе еще не дано познать истину, ибо именно познание истины освобождает.

* * *

Преодолеете сомнения, страх—пожнете аплодисменты.

*****291*****

Всемогущий, Вездесущий, Верный,
В моем сердце—самый первый,
Всемогущий, Вездесущий, Славный
В моем сердце—самый главный.

Бруклин, 03. 18. 04

292

«Радуйтесь с радующимися и плачьте с плачущими» (К Римлянам 12:15).

Если вдруг однажды захочется плакать,
Ты мой набери телефон.
Может я не смогу тебя успокоить,
Но смогу поплакать с тобой.
Если вдруг однажды захочешь все бросить,
Ты мой набери телефон.
Я не стану тебя убеждать остаться,
Просто я убегу с тобой.
Если вдруг однажды устанешь от звуков,
Ты мой набери телефон.
Я не буду тебя утомлять стихами,
Просто я помолчу с тобой.

Бруклин, 03. 28. 04

293

Даниил 5:22-31

Однажды Бог пришел к царю на его пир и кистью руки на стене написал:

«Ты взвешен на весах
И найден слишком легким,
И царство у тебя отнимется сегодня
За то, что сердце перед Господом
Своим ты не смиряешь
И гордости своей ты не оставил;
За то, что Бога, у Которого в руках твое дыханье,
Судьба твоих путей, ты не прославил».

Смотри, чтобы однажды Бог не пришел на твой пир и не сказал тебе:

«Ты взвешен на весах
И найден слишком легким,
И царство у тебя отнимется сегодня
За то, что сердце перед Господом
Своим ты не смиряешь
И гордости своей ты не оставил;
За то, что Бога, у которого
В руках твое дыханье,
Судьба твоих путей, ты не прославил».

Пенсильвания, Кокалико, 04. 07. 04

* * *

Если бежать по рыхлому песку, быстро устаешь. Если бежать по твердой, как асфальт, мокрой песчаной кромке, обязательно намочишь ноги. За все надо платить.

* * *

Почитать другого больше себя, это значит предполагать, что не только ты, но и другой может стать каналом для Бога. В этом смысле у Бога нет пределов, ведь использовал же Он ослицу Валаама.

* * *

Скептицизм (безверие)—разрушительная среда, она ничего не создает.

294

**Должно быть место,
Должно быть место на земле,
Как среди леса,
Поляна светлая во тьме;
Должно быть место,
Должно быть место на земле,
Где мне не тесно,
Не тесно духу и душе;
Должно быть место,
Должно быть место на земле,
Где птичьи песни
Я различаю в тишине;
Должно быть место,
Должно быть место на земле,
Где я невеста,
А не невестка во дворе.**

Пенсильвания, Кокалико, 04. 07. 04

*****295*****

**Были дождь и гроза,
Был закат, как пожар,
И покой разливался предтечей.
И дышала земля,
Жар заката вобрав,
В ореоле шли люди навстречу.
Был восторг и печаль,
Был вопрос и печать . . .
Что-то Бог говорил в этот вечер.**

Пенсильвания, Кокалико, 04. 07. 04

296

Бог, который сотворил концы вселенной,
Бог, которому ты служишь неизменно,
Он придет и защитит тебя от всякого зла,
Как Даниила защитил от пасти льва.

Бог, который сотворил концы вселенной,
Бог, которому ты служишь неизменно,
Он придет, и даже юноша врага победит,
Как когда-то Голиафа царь Давид.

Бог, который сотворил концы вселенной,
Бог, которому ты служишь неизменно,
Он придет, и ты запляшешь тогда по весне,
Как народ, который вывел Моисей.

Пенсильвания, Кокалико, 04. 08. 04

* * *

Впишите страничку Божьей мудрости, используя свое перо.

* * *

Мы должны стараться не грешить, чтобы, не дай Бог, не приносить вечное в жертву настоящему.

* * *

К вопросу об оппонентах. Если вы оказались в оппонентах, не становитесь Ионой: хорошо, мол, я отойду, я посмотрю со стороны, как развалится твое служение без меня. Ради общих, то есть Божьих, целей, не ради своих амбиций, найдите правильное место в конфликте, чтобы «остановить поражение» как можно скорее.

297

Люблю тебя, мой пастор главный,
За Божий труд большой и славный;
За то, что слово твое свято;
За то, что судишь непредвзято;
За верность Богу и служенью,
За то, что впереди движенья.
Люблю за то, люблю за это,
И больше всех люблю тебя,
За то, что ты при всем при этом
Мне позволяешь быть поэтом,
Стихи нисколько не любя.

Пенсильвания, Кокалико, 04. 08. 04

*****298*****

**Для того, чья душа для Бога открыта,
У Него—достаток, у Него—избыток;
Все даровано нам для жизни обильной,
Подходите ближе к престолу, берите.**

Пенсильвания, Кокалико, 04. 08. 04

*****299*****

Наш Бог! И Он один!
Бог гор и Бог долин!
Бог людей и зверей,
Бог пустынь и морей,
Бог надежды—любви,
Ты Его позови!
Он один, Он один и
Он—наш Господин!

Пенсильвания, Кокалико, 04. 08. 04

*****300*****

**А женщина, родившая Иисуса,
Всего лишь женщина,
Лишь немощный сосуд . . .
Отделена была для вечной цели-
Родить Спасителя, и в этом суть.**

**Ты не знаешь,
Кого может родить та,
Что с тобою сейчас,
Каждый великий муж
Рожден женщиной,
Очень похожей на нас.**

Пенсильвания, Кокалико, 04. 08. 04

Хотелось бы

(Эссе)

Хотелось бы, чтобы, придя к Богу, «ветхий», то есть грешный человек, который достался нам по наследству от Адама, сразу и безоговорочно в нас умер; чтобы в новом святом теле мы бы сразу освободились от былых проблем, зажили бы спокойно и плодотворно служили Богу. Хотелось бы . . .

Люди по природе своей, как правило, спринтеры. Они не прочь однажды напрячься, собраться и выложиться на короткой дистанции, чтобы потом долго ходить вразвалочку, вспоминая былые энергичные старты и космические нагрузки, чувствуя себя героем. Но так не получается и так не будет никогда. Проблемы—это надолго, это неотъемлемая постоянная, «константа» нашего существования, и наша жизнь—это не спринтерская, это стайерская дистанция. На стайерской дистанции остаются те, кто вынослив и любит бег. Когда Павел говорит о своем беге, он говорит о марафоне длиной в жизнь. Поняв это и смирившись, мы должны поменять наше отношение уже к следующей проблеме. Жизнь—это не зал ожидания и не

какой-то конечный пункт, это путешествие, это дорога со всеми ее приключениями. Не ждать какое-то эфемерное будущее счастье, а полноценно пользоваться сегодняшним днем, радоваться ему до последней капли. Только он, сегодняшний день, и принадлежит нам.

Вечность не начинается после смерти, это ошибка «молодости», вечность наша начинается в тот самый момент, когда мы встречаем на земле Бога. От этой встречи зажигается свет нашего земного счастья, новой жизни с надеждой. С этого самого мгновения уже ничего не надо ждать, ожидание окончилось, самое важное и прекрасное уже произошло. Теперь надо наслаждаться жизнью, жизнью обильной, полной, интересной. Другой она не может быть, ведь это начало возвращения домой в то место, где мы были созданы по прекрасному «образу и подобию» Творца, где мы встречались и беседовали с Ним в «прохладе дня», где все было так замечательно до грехопадения.

Ни прошлое, ни будущее нам не принадлежат, у нас в руках только настоящее и животворящая вера. А наше прошлое, оно дано нам для того, чтобы однажды оглянуться назад (не для того, чтобы вдруг перестать «простираться вперед, забывая старое», а также, конечно, не для того, чтобы ностальгические переживания превратили нас в «соляной столп» по дороге к спасению) и, остановившись на мгновение от быстрого бега на нашей стайерской земной дистанции, глубоко вздохнув, удовлетворенно

сказать: *«. . . до сего места помог нам Господь» (1-я Царств 7:12).* Слава Ему за все!

Лариса Хоменко
l*arisa khomenko*
larisakhomenko@yahoo.com

Летняя Библейская Конференция

Библейского Тренировочного Центра в Пайнкресте проходила в прекрасных сосновых лесах, в горах Адирондака, штат Нью-Йорк, с 26 июля по 2 августа 2003 г.

> ***«Как возвышенны для меня помышления Твои, Боже, и как велико число их!***
>
> ***Стану ли исчислять их, но они многочисленнее песка; когда я пробуждаюсь, я все еще с Тобою» (Псалтирь 138:17-18).***

Место, в котором проводилась Конференция, очень способствует основному назначению Библейского Тренировочного Центра в Пайнкресте—культивировать жизнь, которая ведет к познанию Господа и Его путей. Здесь ты живешь среди вековых сосен, мудрых молчаливых гор и прозрачных озер, и о величии Господа свидетельствует все вокруг. Тебе не остается ничего другого, как присоединиться к остальным творениям Его в восторженном

и смиренном поклонении Его Высочеству Господу Богу.

Здесь Дух Святой двигается свободно и Божье помазание распространяется беспрепятственно, переходя из класса, где ведется прославление, в столовую, где едят и общаются студенты, ищущие Бога, в уютные места под тенистыми соснами, которые прекрасно подходят для личных молитвенных свиданий с Богом, и дальше на дорогу, на шоссе . . . в горы. Если ехать в сторону Долджвилл, то можно, поднимаясь все время вверх по шоссе, въехать в само облако, которое иногда висит над дорогой высоко, иногда опускается низко, как будто специально для того, чтобы вы могли коснуться небес. Воздух здесь настоялся на хвое и цветах, в изобилии растущих вокруг; роса поутру такая обильная, что можно, только прикоснувшись ладонью к траве, и умыться, и пригладить волосы, а если ляжешь в траву, то не надо и душа. Сойдя со ступенек корпуса, сразу можно найти пару грибов, а маслята после дождя дружно растут у каждой сосны, у каждой скамейки, которые тут как бы органично выросли. Малинники приходится постоянно вырубать, чтобы они не захватили всю территорию под свое царство, но желающие всегда могут полакомиться алыми пахучими ягодами.

Это место, где так легко не любить «мир» и то, что этот «мир» предлагает, потому, что то, что предлагает Бог, здесь так ощутимо, объемно, зримо и так мило сердцу. И самое главное

богатство—Его Слово. Наверно, именно здесь для некоторых впервые Оно становится плотью, верой принятое, становится собственным приобретением, растворяется внутри, насыщает и утоляет жажду. Это совсем новое ощущение Божьего присутствия, наращивания духовного присутствия в последние времена перед личным приходом Господа.

Программа конференции включает в себя ежедневное утреннее прославление и время, посвященное Богу с участием учителей Пайнкреста. Затем два класса: один на тему «Отношения», другой—«Скиния Давида». Вечером—прославление и учение основателя Пайнкреста и его духовного лидера, почти 80-летнего, но всегда юного Вейда Тейлора.

Первый день конференции. Понедельник, время утреннего посвящения, учение проводит Нэнси Варнер-Тейлор. Привожу короткий конспект этого учения.

1. **О мудрости Божьей. Открытая Духом, высказанная вслух, она имеет власть и силу. На этом основании строится Божья церковь.**

«Симон Петр отвечал Ему: Господи! К кому нам идти? Ты имеешь глаголы вечной жизни» (От Иоанна 6: 68).

«Придя же в страны Кесарии Филипповой, Иисус спрашивал учеников Своих: за кого

люди почитают Меня, Сына Человеческого?» (От Матфея 16:13).

«Симон же Петр, отвечая, сказал: Ты—Христос, Сын Бога Живого. Тогда Иисус сказал ему в ответ: блажен ты, Симон, сын Ионин, потому что не плоть и кровь открыли тебе это, но Отец Мой, Сущий на небесах . . .» (От Матфея 16:16-17).

«Но проповедуем премудрость Божию, тайную, сокровенную, которую предназначил Бог прежде веков к славе нашей . . .» (1-е Коринфянам 2:7).

«А нам Бог открыл [это] Духом Своим; ибо Дух все проницает и глубины Божии» (1-е Коринфянам 2:10).

«Но мы приняли не духа мира сего, а Духа от Бога, дабы знать дарованное нам от Бога . . .» (1-е Коринфянам 2:12).

2. **Об уровне духовного слышания (помазаниислышания),соответствующего уровню того, что хочет сказать Господь.**

«ЧтобыБогГосподанашегоИисусаХриста, Отец славы, дал вам Духа премудрости и откровения к познанию Его, и просветил очи сердца вашего, дабы вы познали, в чем состоит надежда призвания Его, и какое богатство славного наследия Его для святых . . .» (К Ефесянам 1:17-18).

3. **О слове Божьем на каждое время, данное вовремя. Молитва должна иметь**

время ожидания, чтоб дать возможность Богу быть услышанным, ожидание в помазании молитвы, служения и поклонения.

«Господь Бог дал Мне язык мудрых, чтобы Я мог словом подкреплять изнемогающего; каждое утро Он пробуждает, пробуждает ухо Мое, чтобы Я слушал, подобно учащимся» (Исаия 50:4).

4. **О духе мудрости, передаваемом через возложение рук, передача (импартация) благословения Духа Святого, как Его принимать.**

«И Иисус, сын Навин, исполнился духа премудрости, потому что Моисей возложил на него руки свои, и повиновались ему сыны Израилевы и делали так, как повелел Господь Моисею» (Второзаконие 34:9).

5. **О голоде и жажде по Богу, которые являются началом и основой всякого «блаженства», то есть счастья, упомянутого в Библии.**

«Блажен человек, который слушает меня, бодрствуя каждый день у ворот моих и стоя на страже у дверей моих! Потому что, кто нашел меня, тот нашел жизнь, и получит благодать от Господа . . .» (Притчи 8:34-35).

«. . . чтобы доставить любящим меня существенное благо, и сокровищницы их я наполняю» (Притчи 8:21).

В результате пребывания на этом семинаре родилось несколько стихотворений, они все в этом сборнике.

Лариса Хоменко
l*arisa khomenko*
larisakhomenko@yahoo.com

Учиться вставать

(Эссе)

Ей было девяносто семь лет, но она еще пыталась участвовать в процессе застеливания постели. Это, конечно, было мероприятием дня—сооружение выстраивалось очень серьезное. Без ее помощи никто не смог бы совершать этот подвиг каждый раз.

Выравнивая край одеял, она не удержала равновесия и, заваливаясь потихоньку на одну сторону, хватаясь за все, что попадалось под руку, мягко приземлилась на пушистый ковер. Не ушиблась, не испугалась, рассмеялась и сказала: «Вот, какая я теперь помощница».

Она не могла встать. Слабые ноги не держали, руки дрожали и сгибались в локтях, на артритные распухшие коленки нельзя было опереться. Всякая помощь со стороны причиняла ей боль, она как бы ломалась в чужих руках. Я вызвала медсестру, и мы, долго приноравливаясь, осторожно поднимали ее вдвоем. Оказывается, иногда проблема не в том, что мы падаем. Проблема встать.

На одной из станций Нью-Йоркского метро, которое местами больше похоже не преддверие ада, чем на станцию метро, там, где туннели между станциями, странные прогоны и повороты тянутся кварталами, где воздух, как пар из кипящего котла, струится под потолком, где идет непрекращающийся вечный ремонт, на такой станции я однажды подняла глаза (все-таки надо иногда поднимать глаза) и увидела на потолке фразы, написанные с большими промежутками: «устал, разочарован, опять неудача, опять провал, иди домой, отдохни, поспи и утром спокойно, как ни в чем не бывало, начни все сначала». Так Америка учит подниматься. Именно на падениях формируется сильный характер: характер лидера, предпринимателя, характер ученого.

В тот день мне сказали, что в моих услугах не нуждаются и предложили в течение 15 минут покинуть помещение. Я вышла, еще задыхаясь от обиды и гнева, ничего не видя вокруг, вошла в метро и . . . как меня тогда поддержала и даже вдохновила эта незатейливая, обыденная инструкция как «подниматься», доброжелательная надпись на потолке.

Я стала размышлять об этом, успокоилась, мысли вернули меня в нашу страну очень развитого социализма: там, в общей массе, людям нечего было терять. Работу? Ни в коем случае, практически, никого нельзя было уволить. Преступника, злостного нарушителя трудовой дисциплины, все равно трудно. Собственность? У нас ее не было. Что еще можно было потерять? Наследство? Квартиру? Нет, квартира была твоя, хоть костер разводи в ней, что некоторые и делали. Себя потерять

мы тоже не могли, потому что были без Бога, а значит, мы себя и не находили, вернее не искали. Получается, мы были защищены от потерь и падений, а значит, не учились вставать. А вставать—вот, чему надо учиться. Если этому не научиться, любое мало мальское падение может стать фатальным.

Придя к Богу, став новым творением, мы начали учиться заново ходить, не боясь упасть, потому что Бог учит нас вставать.

Лариса Хоменко
l*arisa khomenko*
larisakhomenko@yahoo.com

Церковь и . . . спортклуб

(Эссе)

Я хожу в спортклуб давно и постоянно, но только недавно вдруг увидела аналогию спортзала с церковью. В спортзал приходят люди разные, хотя все они одеты в спортивную форму, но не все они физические атлеты, подтянутые и стройные. Среди них есть и средние, и очень толстые, которые только пришли или несмотря на то, что ходят уже давно.

Так и в церкви. Совершенно не все, кто в церкви, зрелые и стойкие в Боге, хотя все выглядят очень достойно и одеты в приличную одежду, иногда даже в галстуках, что само по себе и неплохо. Но они в церкви все разные, и далеко не все из них духовные атлеты.

В спортзале люди передвигаются от снаряда к снаряду, кто с тренером, кто без, у каждого свои цели, каждый имеет свои методы для их достижения; одни делают большие усилия, чтобы их достичь, другие вообще не напрягаются; просто ходят сюда ради удовольствия или по привычке. Такие очень

долго ходят и ходят, но их фигура не меняется к лучшему.

Вот и в церковь мы ходим годами, передвигаясь от проповеди к проповеди, и цели у нас у всех разные, если они вообще есть. А духа Святого, нашего «святого тренера» мы иногда слушаем, иногда нет. И с усилиями происходит то же самое: кто напрягается и прилагает старание к росту духовных мышц и меняется, а кто, не напрягаясь, приходит в церковь лишь по привычке и, вообще, обходит «тренировочные снаряды», тем более сложные. Такие люди, практически, не меняются и, если кто-нибудь сядет на их «законное» место в церкви, они отреагируют точно также, как и в позапрошлом году. А если кто-то «подрежет» их машину, то . . . лучше вам этого не слышать.

Но заметим, тем не менее, что толстые в спортзале, это уже все равно не те же толстые, что на улице. Эти, что уже в спортзале, радикально другие люди. Они перестали сравнивать себя с еще более толстыми на улице, они однажды посмотрели на себя в какое-то очень правильное зеркало (как мы—в Библию) и увидели, что они действительно далеки от совершенства. Более того, они уже решили измениться! Как и мы с вами, они решили, что с этим пора кончать, что так не может больше продолжаться. И вот, как мы пришли в церковь и покаялись, так и они пришли в спортзал и решили начать новую жизнь с понедельника.

Как и в церкви, в спортзале идет «текучка»: люди приходят и уходят, не выдерживают испытания временем и нагрузками, у них в спортзале не хватает веры в успех. Так и у нас, верующих, тоже бывает. Они каждый на своей стадии роста, так и мы . . . и так далее . . . среди них нет совершенных, у каждого есть место для роста, но они уже стали на правильный путь, они отвернулись от того пути, что вел их к погибели. У них разные программы и разные планки, как и у нас.

Глядя на тех, кто в спортзале, я уже знаю, что победит тот, кто полюбит само движение, не цель, которая сюда привела, а сам процесс, у кого появиться внутренняя потребность в движении, в нагрузке и так далее.

Говоря о церкви, останется тот, кто найдет и полюбит Бога. Не Его руку, дающую и благословляющую, но самого Бога, который отдал за нас жизнь, еще до того, как мы пришли к Нему. Останется тот, кто в ответ на безусловную и бескорыстную Его любовь посвятит Ему свою жизнь без остатка.

Дорогие братья и сестры, давайте все пойдем в спортзалы, бассейны, на стадионы и беговые дорожки и начнем укреплять свои физические мышцы и приобщаться к радостям физкультуры и спорта!

Дорогие коллеги по спортклубу, давайте подумаем о своих «духовных мышцах», духовном нашем благополучии, с которого начинается всякое другое физическое благополучие, и пойдем в церковь.

Давайте там все встретимся: физкультпривет и слава Богу!

Лариса Хоменко
l*arisa khomenko*
larisakhomenko@yahoo.com

На лозе ли ты?

(Эссе)

«Я есмь Лоза, а вы ветви . . .» (От Иоанна 15:5).

Вы, конечно, все видели фуксию. Это такой цветок, от которого нельзя оторвать взгляд, каждый, как ювелирный шедевр. Я купила недавно роскошную корзинку с цветущей фуксией. Что за прелесть эта корзинка: красноватые нежные веточки все были усыпаны бутонами или распустившимися яркими цветами, которые свешивались кружевами низко над корзинкой и поигрывали на ветру, как сережки танцовщицы. Хотелось без конца любоваться подвешенными на забор цветами, мой крошечный садик будто ожил.

На следующий день рано утром я обратила внимание, что вид моего букета существенно изменился: подсохли бутоны и увяли многие цветки. Я решила, что недостаточно его полила, добавила воды, перевесила на солнышко и уехала на работу.

Через день от прелести моей фуксии ничего не осталось, опавшие цветы и бутоны устилали землю вокруг корзинки, ветки стали сухими,

листья свернулись и пожухли, осталось лишь несколько зеленых веточек. Потом выяснилось, что сделанный для скорой продажи букет, не имел корней, веточки были просто воткнуты, и они очень быстро погибли, за два дня пропала вся красота.

Когда я, огорченная, разбиралась с этим цветком, меня буквально оглушила мысль: так вот, что значит «не быть укорененным». Вот эти веточки не были укоренены, они были просто воткнуты в землю. Так и мы иногда лишь воткнуты в церковь или в какое-то служение, но не укоренены в Боге, в Слове, т.е. в Иисусе. Это то, что называется «не быть на лозе», т.е. не иметь корней, которые имеет для нас лоза. Ветку можно воткнуть в землю, поливать и удобрять, но даст ли это что-нибудь? Она неизбежно увянет, дело времени, жалко усилий. Она не связана с землей. Как бы глубоко мы не воткнули ветку, это не сделает ее укорененной. Как бы хорошо мы ее не поливали, она завянет, у нее нет силы ни на что: ни на цветок, ни на листья, ни на ветки, ни на плод, тем более. Земля не питает воткнутую веточку, она лишь держит ее в какой-то позиции. Земля и ветка чужеродны друг другу. Только корни—орган, который делает этот удивительный и загадочный контакт возможным. Только через них веточка получает питание.

Как часто мы ходим в церковь, но так и остаемся воткнутыми веточками? А в Библии написано, что мы должны быть «укорененными в Слове», не воткнутые в

Слово. «Укоренение»—это особый процесс познания Слова, не просто формальное чтение, когда Слово становится духовным питанием для нас, когда у нас вырастает плод. Но для этого мы должны быть на Лозе, которой для нас стал Иисус и тогда корни Лозы становятся нашими корнями.

На Лозе ли ты? Что ты ответишь? «Не знаю, может быть, нет, наверно . . . а что это такое?»

Задумайся. Пройдет немного времени и можно будет точно определить—ты ветка на Лозе или роскошная фуксия для быстрой распродажи.

Лариса Хоменко
larisa khomenko
larisakhomenko@yahoo

Зеркало

(Эссе)

Раньше мы шутили, что порядочная женщина—это такая, у которой порядок в шкафу. Но так ли это было далеко от принципа нашей оценки и самооценки, чтобы считаться шуткой? По внешним проявлениям нашей жизни мы судили о себе и о других. Порядочный—это такой, у которого пороки были не видны, внешний порядок. Я не пила, не курила, не сквернословила, у меня был порядок дома (и в шкафу)—для себя и других я была вполне порядочным человеком. Я даже не подозревала, что носила внутри. Всякий мой внутренний дискомфорт я приписывала интеллектуальным исканиям. Конечно же, это не крики совести, нет . . . я всегда оправдывала себя, считая человеком ищущим, романтичным, незаурядным. Кто-то может и непорядочный, а у меня просто искания. У нас часто разные весы морали для себя и для других. Мы судим других по поступкам, а себя по намерениям, а намерения наши всегда «добрые».

Гибкое, чтобы не сказать продажное, мышление человека подсовывает во—время нужное оправдание в виде красивого

аргумента. Как часто мы слышим: «Я не мог помогать детям, я отдавал долги»; «За такие деньги хорошо работать? Если хозяин может делать вид, что платит, я могу делать вид, что работаю»; «Я любила этого человека, а не отбивала его у жены»; «Я не обманывала, а восстанавливала справедливость»; «. . . та ложь, которую я сказала, она во спасение».

Многие грехи я просто не знала в себе: ревность, зависть, высокомерие, превозношение. Гордость была тщательно завуалирована под робость, высокомерие изменилось до неузнаваемости, переодевшись в одежды внешней скромности. Не знаю, сколько бы продолжался весь этот маскарад и самообман, если бы Бог однажды не поставил передо мной Свое зеркало—Слово—и не сказал: «Смотри сюда—здесь истина».

Мы все постоянно смотрим в зеркало, чтоб увидеть себя. Но как мы видим себя? В каком свете? Очень важно выбрать правильное место для зеркала. Его можно повесить в темном месте, и ты не увидишь смятой одежды и выбившихся прядей волос. Хорошо ли это? Его можно повесить в очень ярком месте и тогда, как через увеличительное стекло, ты каждый день будешь видеть свои морщины на лице и огорчительные складки на теле. Надо ли это? На самом деле, мы всегда размышляем, где повесить зеркало и по этому поводу могут быть разные мнения, но нет сомненья ни у кого, что зеркало должно быть.

Все останавливались у зеркала, но зря гордилось оно. Людей интересовало совсем не зеркало, а их собственное отражение.

Добрая совесть—лучший друг—дар от Бога, это сигнал «Стоп» на дорогах жизни.

Сначала, на заре человечества, зеркалом была совесть, частица Бога, оставленная падшему человеку как залог отношений и надежды. Но человек обращался с совестью недостаточно бережно, она подвергалась влиянию греха, искажалась из поколения в поколение все сильнее и сильнее, стала терять постепенно влияние на человеческое поведение. Ее «нет» звучало не громко и не решительно, а тихо и не авторитетно. Бедная наша совесть прошла исторический путь, в результате чего она из точного, чувствительного, идеально настроенного Богом инструмента, превратилась в инструмент разного уровня испорченности, скрипучий и ненадежный, как все субъективное. У некоторых она вообще постепенно сгорела. Так мы оказались у зеркала, очень замутненного или, порой, совсем без него.

В какой-то момент Бог понял, что человеческой совести уже доверять больше нельзя и надо стукнуть по камертону, чтобы настроить этот инструмент. Был дан закон. Но закон уже не мог вернуть нашу совесть в идеальное состояние. Мы слышали его правильную тональность, но поменять что-то в

нашей мелодии были уже не в состоянии, грех заказывал музыку. За грех по закону полагалась смерть. Но Господь из любви к нам послал на крест Своего Сына, и за наш грех умер Божий Сын, а мы остались живы. А чтобы у нас появилась возможность исправиться, наш Бог по милости Своей поставил перед нами Свое зеркало—Божье Слово.

Теперь, когда мы смотрели в него, мы видели свои ошибки и грехи не были от нас сокрыты, и мы могли изменяться. Божье зеркало показывало, какими мы должны быть и можем быть, если захотим. Мы иногда старались не заглядывать в него днями и месяцами, но проходило время и Бог опять ставил перед нами Свое зеркало. Он как бы говорил: «Посмотри, так не годится, ты опять ушел не туда, тебе надо покаяться и вернуться. Я люблю тебя, хочу тебе добра. Вот, каким ты должен быть, смотри». И вставало Его Слово и Его Истина. Каждый раз Искупитель, касаясь души, показывал следующий слой слежавшихся грехов в кладовых нашей сущности. Здесь Ему хватает работы.

Когда мы принимаем Иисуса, закон постепенно начинает входить в наше сердце через Слово и становится нашей совестью. Происходит запись Божьих законов на магнитофоны наших сердец. Параллельно с этим происходит превращение развращенного человека с грешной природой в человека, соответствующего Божьим стандартам. Это превращение в нас производит Сам Бог

в течение всей нашей жизни. Как же мы в этом участвуем? Продолжая заглядывать в «зеркало», которым теперь уже является Божье Слово, мы начинаем замечать, что там, где раньше все было хорошо, что-то не так.

А меняться не хочется. Вдруг обнаруживается внутри другое зеркало, другой закон, закон прижившегося, удобно устроившегося в твоих квартирах греха. С мучительной остротой понимаешь, как грех укоренился внутри. Ненавидишь его, а сделать ничего не можешь. Почти с паникой приходишь к пониманию, что невозможно вытащить себя за волосы из болота, как это советовал барон Мюнхаузен. Тонешь без Спасителя, начинаешь Его звать: «Помоги!» Он приходит и спасает, и так каждый раз.

Иногда, чтобы мы реально увидели себя, чтобы «проявились», Бог серьезно встряхивает наши обстоятельства.

В моей жизни был такой случай. Однажды у меня случилась большая беда, так мне, по крайней мере, казалось тогда. Меня лишили городской прописки в Киеве. Досталась она мне по ошибке, мне в свое время поставили не тот штамп в паспорте, потом ошибку эту заметили и исправили. Для меня это был большой удар, потому что я уже привыкла к мысли, что у меня постоянная столичная прописка. В момент, когда это случилось, я так расстроилась, что просто не знала, что делать, побежала в ближайшую юридическую консультацию. Но там, как всегда и везде у нас, была очередь,

люди меня не пускали, стали стеной: «Всем надо». И я, всегда такая интеллигентная, мягкая, даже робкая, как «понесла», мол, что там ваши проблемы, мне нужней, жизнь дала трещину . . . Да так грубо, чуть ли не расталкивая локтями. Как же, меня обидели, лишили прописки, жизни, можно сказать, а вы тут . . . Потом я очень себе удивлялась. Я не могла даже предположить, что там у меня внутри такое сидит, что я на такое способна. В привычных условиях этого не увидишь. Бог поставил меня в очередной раз перед «зеркалом», и я себя не узнавала.

Кто не хочет принять жертву Божьего Сына и посмотреть критически на свою совесть, не замечает, как она постепенно приходит в негодность из-за небрежного употребления. Эти люди продолжают упрямо твердить, что они хорошие люди и ничего плохого никому не сделали. В Библии, кстати, написано, что таких нет и вообще : *«. . . праведность наша—как запачканная одежда»; «. . . все мысли и помышления сердца . . . зло во всякое время»; «Лукаво сердце человеческое более всего и крайне испорчено; кто узнает его?»*

Они продолжают смотреть в «зеркало», которое покрывается слоями пыли заблуждений и ошибок, и оно их устраивает, так им спокойней. Но эти люди подвергают себя опасности потерять реальность, пользуясь несовершенным навигационным прибором, и разбиться для вечности, то есть навсегда потеряться для Бога.

Пока не поздно, призовите Иисуса, дайте Ему возможность спасти ваш дух, поставьте правильное «зеркало»—Божье Слово, Слово будет учить и даст силы.

Лариса Хоменко
larisa khomenko
larisakhomenko@yahoo.com

Тронный зал поклонения

(Эссе)

О! Есть ли на земле слова, чтоб можно было описать всю неземную благодарность

За жизнь распятого Христа, которая по замыслу Отца, по благодати мне досталась! От автора

Когда—то, когда родился Иисус, к Нему пришли волхвы с дарами поклониться, они принесли золото, ладан и смирну—это было земное начало Царя. Поклонение свидетельствовало о признании Его подвига, величия Его как Царя и вечности Его владычества.

Поклонение делает царя Царем, послушание и поклонение.

Я представляю, как я вхожу в тронный зал . . . красота, величие, святость вокруг, трепет охватывает мою душу, глаза поднять не смею, ведь это Его Величество Царь, падаю на колени. Никаких мыслей от себя, ничего кроме благоговейного желания услышать, что говорят великие святые уста, чтобы броситься

выполнять поручение в радостном восторге послушания и желании угодить. Что при этом ты думаешь, не важно до смешного, есть Воля Высшая, она звучит, она тревожит, она сразу же становится желанием твоего сердца: «Пошли меня, пошли меня»—стучит в твоем сердце. Ты не можешь дождаться, когда скажут: «Ты пойдешь сегодня».

Человек—существо поклоняющееся, он обязательно ищет «поклонную гору». Чем дольше надо до нее идти, тем серьезнее считается поклонение. Поклонение мертвым богам, связанное с трудностями преодоления, порождает самоправедность и приглушает страх перед будущим: ты как бы выполнил свою часть, а теперь некто, для которого ты выполнил это ритуальное нечто, почтив твой подвиг, будет защищать тебя. Ты ублажил божество, оно благосклонно к тебе, ты спокоен и ничего больше не ищешь. Вот, чем опасно идолопоклонство.

Где в нашей советской жизни был храм восторженного поклонения и благоговения? Где был наш тронный зал? Дворец Пионеров, МавзолейЛенина,ДворецСъездов,праздничная трибуна Красной Площади? Святыни падали одна за другой, оставляли пятна выжженной травы на наших землях. Мы пытались сажать на это место новые растения: «Человек—это звучит гордо», «Человек создан для счастья, как птица для полета», «жизнь прожить . . .» и так далее. И вот уже новая роща идолов вырастает

на прошлом пепелище. От легкого ветра и они падают . . .

Вопрос послушания и поклонения—это вопрос смирения. Мы не знали, что такое искреннее смирение, хотя научились в шеренгах стоять «смирно». Мы были скорее присмиревшими, чем смиренными. Не было образца искреннего смирения в нашем обществе гордых: несмиряемые Матросовы падали на амбразуры, непотопляемые Потемкинцы становились героями для последователей, «железные» боевики Дзержинского в бронированных жилетах на непробиваемых броневиках революции поддерживали неугасаемый дух народа, а наши детские души умирали вместе с гордым Павкой Корчагиным на рельсах легендарной железной узкоколейки . . . Мы говорили: «Лучше жить стоя, чем умереть на коленях», и . . . умирали стоя. «Поставить кого-то на колени»—значило очень сильно унизить.

«Ни за что, ни перед кем на колени не становился!»—так выглядело наше главное достоинство.

И вдруг, как гром с ясного неба: «Не упадет стоящий на коленях ! Встань на колени перед Творцом!»

«У меня не получается, я не могу, я не могу!» Конечно, мы не можем, этому надо учиться, прилежно учиться совершенно новым предметам. Среди них азбука Божьих отношений, физика законов Божьей любви, небесная биология сеяния и жатвы,

элементарная математика смирения . . . Но учиться никогда не поздно.

И так, поклонение делает царя Царем, послушание и поклонения. Царь уже есть, и Он есть для других, но для тебя Он станет Царем тогда, когда тебе захочется проявить по отношению к Нему благолепное поклонение и повиновение.

Где живет начало поклонения Богу? Оно живет в признании Его величия, силы и славы, оно живет в семени благодарности за все, что сделал для нас Иисус, придя на землю.

Во время прославления иногда кажется, что музыканты, воздавая хвалу Богу, возносятся недосягаемо высоко, принимают от Него помазание, а затем звуками голосов и музыкальных инструментов опускают его на всех. И вот уже не видишь ни музыкантов, ни певцов, только Бог неслышно движется между рядами и касается сердец, и чувствуешь, как хорошо и сладостно в Его присутствии. Из сердца исходят особые слова и, как бальзам, ложатся на душу. Он приходит и приносит слезы очищения и освобождения, и, как ненужные одежды, без усилий спадают с души боль и обида.

Обычно есть тронный зал во дворце Царя, есть боковые галереи, есть балконы, входной дворик, дорожки, ведущие к дворику. Есть место за оградой и большое поле вокруг этого дворца. Где ты сейчас расположился? Где место твоего поклонения? Что ты знаешь о поклонении? Понимаешь ли ты разницу между

поклонением, как состоянием твоей души, и прославлением, как внешним поведением, которое свидетельствует другим о состоянии твоей души? Знаешь ли ты, что поклонение живому Богу должно быть радостным, наполнять жизнью тебя и тех, кто рядом?

Я пришел во святилище, в светлую сень Твою, в Твой покой. Упаду на колени, хочу здесь Тебя почувствовать. Я Твою тишину сберегу, не нарушу ее мольбой, преклоню свое сердце, побуду в Твоем Присутствии. Разве то, через что Ты прошел ради нас, можно здесь сравнить с суетой и печалью, тревогой моей и болями? Я пришел, Господин, я у ног Твоих, Твой навсегда, Аминь! Умолкаю и жду в глубочайшем почтении, Бог мой!

Господь, приблизь нас к самому трону, сделай из нас настоящих поклонников, своим сердцем мы хотим касаться Твоего сердца, потому что Ты—Царь и Ты достоин этого, потому что хвала и прославление сейчас—это земная репетиция нашего вечного служения Тебе на небесах. Готовь нас! Во имя Иисуса Христа, Аминь.

Лариса Хоменко
larisa khomenko
larisakhomenko@yahoo.com

Мы—сильные

(Эссе)

«Мы, сильные, должны сносить немощи бессильных и не себе угождать» (К Римлянам 15:1).

«Сносить немощи бессильных . . .» Раньше я думала, что есть сильные христиане и слабые христиане. Но потом я поняла, что каждый из нас бывает и сильным, и слабым. Сегодня ты сильный, а завтра—приходит обида или беда, и ты—слабый, и тебя можно взять голыми руками. Выстоял, ухватившись за Господа, вышел победителем, голову поднял—ты опять сильный. До следующего испытания. Это то, что «в миру» называют «полосатостью» жизни. Почти обреченно вздохнув, мы говорили друг другу по-житейски мудрые слова: «Жизнь—полосата, перетерпи, сейчас у тебя черная полоса». Это отношение к жизни нам казалось философским, разумным. На самом деле, что оно определяло, что меняло? Но слова немного успокаивали, давая надежду на смену «полос».

Сейчас, во времена нашей немощи, в церкви нам никто не скажет про «полосатость» жизни.

Мы уже хорошо знаем, что слабость и сила наша определяется отношениями с Богом, которые, в свою очередь, определяются нашим отношением ко греху. Но это так, когда дело касается других. Когда же мы обижены и сбиты с толку, мы эту истину сразу забываем. Кто-то очень заинтересован в нашей плохой памяти в этот период. По инерции нашей природы, придя к Богу, мы продолжаем искать утешение у людей. И похоже, было бы правильно, чтобы мы ее и находили там же по инерции, постепенно меняя, конечно, эту практику и переключаясь на Бога . . . А что происходит на самом деле? Нас тут же начинают учить: «не говори много, в многословии не избежать греха», «не рассуждай, от рассуждения до осуждения один шаг», «не давай место гневу, от гнева до греха рукой подать», «не говори на брата . . . без свидетелей», «почитай пастора, не поднимай руку на помазанника», «живи со всеми в мире по возможности» и т. д.

Все, что говорят—истина, если говорят это самому себе. Только себе мы можем применить эту форму, повелительную форму запрета: «не делай». Если же эти истины применять по отношению к ближнему, тогда святое Писание превращается в «кляп», которым просто затыкают рот.

Если люди ищут утешения у вас, они должны у вас его найти. Вы должны в этот момент отразить доброту и безоговорочное принятие Иисуса Христа. Иначе будут ненужные и досадные потери. Так что, если

вы сегодня сильные, а мы выяснили, что это состояние сезонное, то поддержите тех, кто ослабел. Может быть, завтра вам понадобится поддержка. Ее сможет оказать вам вчерашний «слабак», который правильно усвоил уроки вашей доброты. А «кляп» приберегите для себя. Он вам может пригодиться.

Конечно, всегда найдутся люди, которые будут злоупотреблять вашим желанием выслушать. Они будут сносить вам все, что у них будет появляться, и вы будете чувствовать себя корзиной для мусора. Потребуется немало мужества и мудрости, чтобы этих людей остановить. Но это уже другая тема.

Л. Хоменко
larisa khomenko
larisakhomenko@yahoo.com

Тот истинен и нет неправды в нем

(Эссе)

Что мы ищем в человеке, когда сталкиваемся с ним? Вежливость, доброжелательность, общительность? На первом этапе, на этапе «шапочного знакомства», да. А дальше? Что привлекает нас в человеке, заставляет искать отношений с ним, что удерживает возле него часами? Иногда мы делаем попытки выразить это словами: он такой (или она такая)... глубокий (мы не любим поверхностных), наполненный (нам не нравятся «пустые»). С ним (с ней) всегда интересно (мы не любим скучать). Если еще подумать, то можно добавить, что этот человек—истинный или настоящий, как мы говорим. Интересно, а все остальные что же, не настоящие? Получается. Кстати, в английском языке есть слово «authentic», по-русски это звучит иногда просто «аутентичный»—без перевода и слово применяется больше по поводу предметов: предметы искусства, утварь, одежда. Именно это слово вмещает качества, которые мы упомянули: истинный,

настоящий. Но говоря о человеке, что же значит—истинный?

Слово Божье говорит*: «Говорящий сам от себя ищет славы себе, а кто ищет славы Пославшему его, Тот истинен и нет неправды в Нем» (От Иоанна 7:18).* Какая простая и гениальная мысль, сколько вопросов могут найти в ней ответ. Прежде всего, хочу обратить внимание, что местоимения во второй части предложения написаны с большой буквы, то есть, это идет речь об Иисусе. Но Тот же Бог, что посылал Иисуса, посылает и нас. Мы—тоже Его посланники, полномочные представители Его царства. Он нам доверил эту великую миссию, и мы должны отражать Его интересы на земле, живя по законам Его державы. И кто делает так, тот «истинен», согласно определению, и «нет неправды» в нем. То есть совсем не то, что человек всегда прав определяет факт, что «нет неправды» в нем. Это утешительно, потому что, может ли человек быть всегда правым?

Бог все растолковал и упростил до состояния нашего понимания: если ты говоришь от Него, значит ты—настоящий. Если ты говоришь сам от себя, то есть ты перестаешь быть Его посланником, ты теряешь свое предназначение, теряешь свое настоящее лицо и превращаешься в самозванца. Выглядишь так же, ведешь себя респектабельно, еще при галстуке, но уже не посол, а частное лицо. За твоей спиной уже ни власти, ни полномочий, ни силы, *«ибо мы сильные за истину» (2-е Коринфянам 13:8).*

В этой связи хочется обратить внимание на три слова: вера, верность и уверенность. Емкие, нужные, сильные слова и здорово работают вместе, «бригадой». По вере мы становимся Его народом, без веры мы не были им. По вере мы начинаем служить Ему, становимся Его посланниками в семье, на работе, дома, на улице. Он доверяет нам посольство Свое. Чтобы все время говорить от Пославшего, то есть искать славу Ему, надо сохранять верность. Если мы начинаем искать славу себе, то есть говорить от себя, это может случиться, к сожалению, с каждым, то значит мы потеряли верность, а с ней нашу истинность, аутентичность. Как происходит смещение интересов в сторону собственных, когда мы, начав по духу, кончаем по плоти *(К Галатам 3:3),* вопрос отдельный и не простой. Хочу только заметить, что нам никогда бы не следовало этого делать, потому что Бог всегда лучше позаботится о наших интересах, Он сделает это *«по богатству славы Своей» (К Ефесянам 3:16),* то есть намного профессиональнее любого из нас. Мы же знаем, что послы сильного государства в странах представительства—люди всегда при дворцах, в почете, с особыми привилегиями.

Остается последнее из этой замечательной тройки слово—уверенность. Это качество присуще тем, кто знает свое место в Боге. Знает, что мы—дети Божьи (*От Иоанна 1:12)*, что мы любимы Богом *(От Иоанна 15:9*), что мы храм Бога *(1-е Коринфянам 3:16),* что мы цари, священники и народ избранный *(1-е Петра*

2:9), что мы наследники Божии через Иисуса Христа (*К Галатам 4:1-7*). И в конце концов, не когда-то в будущем, а уже сейчас посажены с Иисусом на небеса *(К Ефесянам 2:6).* Ничего себе позиция, подумать только! Если мы к тому же знаем, что уже не я живу, *«но живет во мне Христос» (К Галатам 2:20)*, то у нас появится эта совершенная, неземная и совершенно неземная уверенность. Не сразу, конечно, потому что это надо все как-то переварить. Кстати, Бог никогда не говорит—поймите, переварите, Он знает—наши возможности ограничены; Он всегда предлагает нам поверить и принять, имея в виду, что если мы—в Нем, то понимание придет, оно часто отстает от веры.

Итак, решено: я *«все могу в укрепляющем меня Иисусе» (К Филиппийцам 4:13),* все могу в Нем, моем Боге. Вера, верность, уверенность составляют целостность нашего характера, нашу соль, нашу привлекательность для этого мира. А мы должны быть привлекательными, как свет в темноте, как тепло в холодный сезон. Жаждущие люди будут идти к нам, как к источнику, как к колодцу. Мы не должны при этом оказаться лишь протекающим водоемом, который бывает полным только в период дождя. Посмотрите, как сильно связаны эти три слова вместе: наша истинность и правота в верности Пославшему, наша уверенность строится на нашей вере, а без веры не было бы вообще ничего, неверие разрушает.

Сейчас, когда мы поняли, что делает нас истинными и правыми, настоящими и

плодотворными для Бога, давайте попросим Его показать каждому из нас, где мы находимся. Не потеряли ли мы уже истинность в своих законных поисках простого человеческого счастья? Или, может быть, еще не нашли ее? Может быть, вы еще не начали искать? В любом случае, нам без помощи Бога не обойтись.

Лариса Хоменко
larisa khomenko
larisakhomenko@yahoo.com

Суета

(*размышления*)

«Горе тем, которые влекут на себя беззаконие вервями суетности, и грех—как бы ремнями колесничными . . .» (Исаия 5:18).

Мы говорим обычно: «наше хождение с Богом», не—«бег с Богом». Но почему-то наша жизнь все больше и больше похожа на бег. Конечно, можно много хорошего сказать в пользу бегущего: он применяя усилия, развивает выносливость, можно быстрее дойти от точки А до точки Б . . . Но при этом: вопрос задашь, а ответа уже не услышишь; посеять на ходу ничего не успеешь; оказать помощь ближнему—забудь; можешь на ходу просмотреть что-то очень-очень важное . . . Бегущий ест на ходу, спит на ходу, ни от чего не имеет удовольствия, он всегда торопится, ничего не может оценить по достоинству . . . он чаще раздражен, чем доволен. Аврал как образ жизни? Мы угождаем обстоятельствам, чьей-то или своей похоти (хочу сейчас и все сразу), но не Богу, это точно.

«Бег с Богом»—это когда мы пытаемся сделать все своими силами, не спросив у Бога, не дождавшись ответа и не поблагодарив за ответ. Когда мы поклоняемся тому, что делаем, больше, чем Богу. И вот мы бежим, бежим, сначала трусцой, потом все быстрее, быстрее и вот это уже спринт, рвем финишные ленточки на груди, меняем дистанцию . . . А на жизнь времени остается все меньше и меньше, все меньше времени на любовь.

Идеал моей формулы жизни—неторопливость и неутомимость. Неторопливость, не как медлительность, а неторопливость, как несуетность.

Торопливость и суета—это слова синонимы. «Суета» в толковом словаре Ожегова—что-то тщетное, пустое, не имеющее истинной ценности; беготня, излишняя торопливость в работе, бестолковость и т.д. *«Осуетиться» по Библии—это пренебречь Божьими уставами и заветом Его «и презирали уставы Его, и завет Его, который Он заключил с отцами их, и откровения Его, какими Он предостерегал их, и пошли вслед суеты и осуетились, и вслед народов окрестных, о которых Господь заповедал им, чтобы не поступали так, как они» (4-я Царств17:15);* это поклоняться другим богам: *«Так говорит Господь: какую неправду нашли во Мне отцы ваши, что удалились от Меня и пошли за суетою, и осуетились . . .» (Иеремия 2:5),* это—начать жить своими рассуждениями и умствованиями: *«Но как они, познав Бога, не*

прославили Его, как Бога, и не возблагодарили, но осуетились в умствованиях своих, и омрачилось несмысленное их сердце . . .» (Римлянам 1:21). **Чтобы «осуетиться», не обязательно заниматься бизнесом день и ночь, пренебрегая церковью. Можно, будучи в церкви пастором, или в служении лидером, или в прославлении распевая псалмы на собраниях, тем не менее, впасть в грех суеты, осуетиться. Слово «Всуе»—это тоже слово от того же корня, от «суеты». Упоминать имя Господа всуе, это значит использовать имя Господа не к месту, не по делу, напрасно, зря. Суету прикрывать именем Господа, то есть грех суеты прикрывать именем Господа** *«. . .* ***дабы, пресытившись, я не отрекся Тебя и не сказал: `кто Господь?' и чтобы, обеднев, не стал красть и употреблять имя Бога моего всуе» (Притчи 30:9).***

Хочется жить, не суетясь и не уставая, думаю, что именно так жил Иисус.

Лариса Хоменко
l*arisa khomenko*
larisakhomenko@yahoo.com

«. . . до сего места помог нам Господь» (1-я Царств 7:12).

В предыдущей своей книге из этой же серии в разделе «Послесловие» я рассказывала о своей жизни. Я пыталась вспомнить, как все это начиналось: приход к Богу, обстановка в стране, мои переживания, начало служения . . . Материал получился длинный, и я решила поставить логическую точку, пообещав продолжить в следующей книге. И вот работа завершена, и я, выполняя обещание, пишу продолжение моего свидетельства, начатого в книге «Поэтические дневники. Тетрадь 2».

Как я пришла в благословенный мир поэзии о Боге? Это не случилось сразу, я двигалась медленно, сопротивляясь и оглядываясь. Я спотыкалась и падала, я вставала и шла в обратном направлении, Бог брал меня за руку и вел дальше, потому что Он—верный и начатое дело доводит до конца. Я свое дело еще не окончила, лучшее еще не написано, но вспомнить, как это все начиналось, уже хочется.

В гостях у миссионеров

В предыдущем материале (см. книгу «Поэтические дневники. Тетрадь 2») я рассказывала об организации со странным для советского человека названием «Миссия». Там, работая переводчиком, мне пришлось познакомиться с еще более странной организацией под названием «Христос—Ответ». Я упомянула вскользь о ней, но мне хочется остановиться на этом поподробнее, потому что именно эта организация сыграла решающую роль в моей дальнейшей судьбе.

Пасторы-миссионеры приходили в «Миссию» часто. Когда мы достаточно познакомились друг с другом и у меня постепенно ушло напряжение от общения с иностранцами, я приняла приглашение посмотреть, как они живут. Лагерь располагался на Борщаговке, довольно молодом районе Киева с новостройками и большими пустырями. На одном из самых больших пустырей миссионеры разбили огромную бело-голубую палатку, похожую на цирковую, поставили маленькие жилые палатки, домики и машины. Соединив все это в определенном порядке, они создали уютный, отгороженный от постороннего глаза, городок. В этом городке было все для благоустроенного быта, по крайней мере, по нашим украинским понятиям: автономный генератор, автономный источник горячей и холодной воды, туалеты со сливом, кухня с электрическими плитами, стиральные машины. Во дворе было место для детей, для сушки белья, были натянуты навесы, были уютные порожки у домиков и скамеечки для отдыха и общения. Впрочем, отдыхающих на скамеечках миссионеров я никогда не видела, они всегда были заняты.

Я приехала в гости днем, в самый разгар работы. Монтировали очередную палатку: собранные на земле шесты поднимали и закрепляли, одновременно натягивали, упрочняя конструкцию, брезент. Работа была непростая и напряженная, работали мужчины. Все на пару минут отвлеклись, подошли, поздоровались, кто-то пошел позвать пастора. Один из мужчин, монтировавший на траве очередной шест, не отрываясь от работы, не вставая, протянул мне руку, когда я проходила мимо, крепко пожал мою. Я только успела подумать, что он мог бы и встать, как вдруг увидела, что он передвигается на руках, что у него нет ног. Что . . . ? К нам на Украину из далеких стран приехал «полный» инвалид, человек без ног, чтобы нам рассказывать о Боге? В чужой стране на чужой земле, передвигаясь на руках, собирает палатки, чтобы можно было здесь рассказывать о том, во что он верит! Как же важно то, во что он верит? Как же надо верить? Каким сильным и убежденным надо

при этом быть! Каким смелым . . . при такой беспомощности! Что это за люди?

Согласитесь, что наша жизнь не взрастила в нас убеждения, за которые можно было пуститься на такие подвиги за тридевять земель в таком состоянии. Да, в нас заложили определенный моральный пласт, который трудно было переступать, но, при определенных условиях, возможно. Но убеждения, ради которых можно было подвергнуть риску свою жизнь, жизнь семьи, детей! Добровольно! Я сомневаюсь. Вы должны понять, какое это было время: конец 80-х, начало 90-х, перестроечный трудный период. Коммунистические идеи были полностью дискредитированы реальностью, новых—не было; в сердце зияла пустота неверия. Лично мой мир был абсолютно потрясен, я уже потеряла надежду найти хоть что-то абсолютное, настоящее, за что можно было уцепиться в жизни. Жизнь по инерции продолжалась, но почва уходила из-под ног, и я не знала, какой следующий шаг сделать.

Что движет этими людьми, почему они такие? Я поняла, что не смогу уйти отсюда, пока не выясню и не пойму, что стоит за их образом жизни. Погруженная в свои мысли, я механически оглядывалась вокруг, натыкаясь постоянно взглядом на название лагеря, оно было везде: на машинах, на домиках, палатках, на футболках . . . «Христос—ответ». Но я к этому времени уже не верила никаким лозунгам.

Подошел человек лет 38-40 лет, среднего роста, темноволосый, коренастый, улыбаясь,

коротко представился на английском: «Пастор Кун». Я уже знала, что его улыбка не была улыбкой вежливости, гости в лагере были действительно самыми желанными людьми, ради них они приехали. Мы удобно устроились на импровизированной скамейке из досок, приготовленных для сооружения трибуны, и стали беседовать. Говорил в основном, конечно, пастор, у меня были одни междометия, все вызывало удивление.

Бельгиец, пастор Кун Вилли, руководитель миссии, в прошлом столяр, приехал сюда со всей своей семьей: жена и трое детей. Дети разного возраста: младшему Итаю было 7 лет, Тимону—старшему мальчику—уже 12, а девочке Ортье—четырнадцать. Как же они учатся, находясь в лагере? Мне сказали, что мама у них одновременно и добрая мама, и строгая учительница, она учит их дома по программе домашнего образования. Я о таком даже не слыхала . . . Причем они учат английский, свой родной язык поддерживается в семье, и, как все миссионеры, они учат местный язык, в данном случае—украинский. Но настоящее удивление меня ждало впереди, когда мне показали домики миссионеров изнутри. В домиках на колесах, кстати, живут у них только семейные люди, холостые живут в палатках. Но о палатках я скажу позже.

Домик пастора был, как сказочный деревянный дворец в миниатюре. Бывший столяр, он все сделал своими руками с любовью, для своей семьи. Все продумано до

мелочей, все имеет свое даже не место, а гнездо, ведь домик рассчитан на движение. Уютные двухъярусные кровати с высокими перилами, все компактное или складное, все совершенно уникальное, сделанное только для этого домика, для этой семьи. Вагончик разделен на зоны: кухня, гостиная, спальня. Это особый случай, когда при обилии вещей (хотя не было ничего лишнего) и при очень маленьком, вагонном, размере, надо соблюдать идеальный порядок, иначе ты все время будешь что-то искать. Добиться этого при трех подвижных, растущих, любопытных детях—истинное искусство и самоотверженный труд. Но обязанности жены пастора отнюдь не исчерпываются только бытом, она—помощница мужу во всем, во всех его трудных делах и решениях в чужой стране. Это очень ответственная «должность»—жена пастора-миссионера.

Я вышла из домика ошеломленная, долго не могла переключиться, была вся во власти увиденного. Меня нельзя было удивить словами, к словам мы в социализме привыкли, к разным, меня поражала реальность.

Как это возможно? Свернуть свою жизнь до вагонных размеров, пусть даже продумать, выточить выстругать все своими руками, чтобы эта жизнь была максимально, скажем, возможна и даже удобна, но . . . лишить своих детей простора настоящего дома и нормальной школы, подчинить себя и детей быту, не допускающему малейших послаблений, в чужой стране, чужой язык, менталитет . . . Мысли шли вперемежку, чувства сменялись: восторг, удивление, непонимание, даже недоумение и снова восторг.

Пастор рассказывал, что они начали свою работу с бунтарской молодежью, которая в Европе была известна как «хиппи». Это было в шестидесятых. Потом постепенно служение превратилось в движение и вышло за пределы Европы. Он рассказывал, как собралась команда из разных стран и континентов, как они попали в Италию, как по дороге они потеряли одного товарища из команды, он умер от внезапного приступа в дороге и его не успели спасти; как они много молились за Украину, за возможность приехать сюда, как они счастливы, что их мечта осуществилась и т.д.

Я больше не могла впитывать информацию и впечатления, я отказывалась понимать этих людей. Как все это возможно? В который раз спрашивала я себя и не находила ответа. Они, приехавшие сюда, мужчины, женщины, дети разбивали все сложившиеся стереотипы о счастье и благополучии, все мои стандарты. Будучи на изломе крушения, я почувствовала во всем этом неосознанную надежду, что-то во мне отзывалось на это чудо, какая-то часть меня, еще ничего не понимая, на уровне чувств и эмоций или, может быть, просто инстинкта самосохранения тянулась к этому народу.

Мне нужно было передохнуть, я была в сильном напряжении от чужой речи, не все понимала, я устала переспрашивать, я просто устала, я была в непонятной особой

стране. Здесь ходили улыбчивые спокойные люди, занимаясь своими делами, люди, не проявлявшие никакой озабоченности, доброжелательно посматривая на меня, играли дети, не ущемленные в своей подвижности и эмоциональных выражениях, и все казались совершенно счастливыми и довольными, и только я чувствовала себя в этом мире иностранкой. Сознание мое переворачивалось и старалось найти точку опоры. Все это происходило, как во сне, в бело-голубом палаточном городке на пустыре Борщаговки, окраине Киева, в жаркий летний полдень.

Жена пастора пригласила нас выпить чаю, и я была благодарна ей за чуткость.

Продолжение следует, до встречи!

Лариса Хоменко
Larisa khomenko
larisakhomenko@yahoo.com

Мой бесценный читатель!

Я бы не считала свой труд законченным, если бы не дала возможность каждому, кто дойдет до этого места, радикально изменить свою жизнь. Может быть, вы мечтали о великих переменах в жизни? А кто об этом не мечтает? Так вот, эта минута может стать началом великих перемен.

По закону сеяния и жатвы, чтобы получить что-то новое, надо сделать что-то новое. Что-то, что вы еще никогда не делали в вашей жизни. Я знаю, что вы уже согласились, что Бог есть . . . где-то. А сейчас я хочу, чтобы вы впервые пригласили Его в свою жизнь. Заранее скажу, что Бог не только не будет возражать, но Он с нетерпением ждет этого момента, как ждет отец возвращения блудного сына. Скажу также, что сделать это очень просто. Я думаю, вы давно бы сделали, если бы знали, как это просто и насколько это важно. Ведь всегда лучше быть с Богом, чем без Него. Он—наша защита и опора. Кто же добровольно откажется от опоры и защиты в своей жизни?

Итак, я думаю, вы готовы повторить за мной молитву. Единственное условие—искренность. Ваша искренность—гарантия того, что великая перемена в вашей жизни получит старт.

Господь, я прихожу к Тебе в молитве такой, как есть, другим я стать так и не смог. Я признаю, что я грешник. Прости меня за все мои грехи и ошибки, которые я делал осознанно или нет. Я признаю искупительную жертву Сына Твоего и прошу Тебя сегодня—будь моим Спасителем. Я открываю двери своего сердца для Тебя и приглашаю войти и быть Господином моей жизни. Я отдаю Тебе свою жизнь. Пусть Твоя чистота и святость придут, пусть Твоя благословляющая рука будет на мне во все дни моей жизни. Спасибо за любовь, за то, что Ты слышишь меня.

Эта короткая молитва называется молитвой покаяния, и именно она является ключом к прекрасным переменам в жизни каждого человека.

Даже если вы ничего не почувствовали после этой молитвы, знайте, вы встали на дорогу новой жизни. Не останавливайтесь, счастливого пути!

Звоните, пишите, всегда и во всем ищите Бога. Кто ищет, тот всегда найдет!

В тот самый момент, когда я окончила писать призыв к молитве покаяния, я сердцем почувствовала, что это было то самое главное, собственно, ради чего и создавалась эта книга. Для этого я неоднократно кроила и перекраивала все заново; работала над каждой строчкой, словом и буквой, над каждой запятой, сверяя написанное с голосом моего Вдохновителя; для этого ломала свой характер,

наступая на горло трусости, малодушия, страхов, сомнений, вторгаясь в неизвестные мне доселе поля издательской деятельности; для этого молилась по ночам за потенциального читателя, а днем зарабатывала на тираж. Все перечисленное я делала и буду делать опять и опять для того, чтобы иметь долгожданную возможность, право и честь написать в конце книги призыв к молитве покаяния и услышать хотя бы об одной измененной жизни.

С любовью, Лариса Хоменко
1-267-307-1349
larisakhomenko@yahoo.com

Larisa Khomenko
Poeticheskie dnevniki. Tetrad 3.
Proofreading: Rimma Karunts, Nelya Lapteva
Photo: Lana Tesa
Cover: Lena Logacheva

Об авторе

Лариса Хоменко окончила Львовский Политехнический Институт и Государственные Курсы Иностранных Языков (английский, немецкий). Много лет посвятила спортивной гимнастике, выполнив норму Мастера Спорта, получив более десятка грамот и наград. Долгое время работала программистом. Но любовь к писательскому долу оказалась сильнее всего.

Она пишет давно и много: работала на Сахалине корреспондентом-организатором радиовещания; была редактором русскоязычной газеты «Выбор» в Америке; перевела и отредактировала книгу известного американского евангелиста Билла Фея (2004 год); стала автором двадцати пяти редакционных статей; выпустила авторский поэтическо-музыкальный диск «Первый свет» (2003 год); написала к этому времени более тысячи стихотворений, некоторые из них стали песнями. Стихи можно найти на национальном сервере «Стихи. Ру» под именем Лора Козоровицкая (девичья фамилия).

С 2007 года Лариса Хоменко плодотворно сотрудничает с газетой «Русский мир» (штаты Массачусетс и Коннектикут), ежемесячно подготавливая там страницу под рубрикой

«Зеркало души» со стихами и публицистической прозой.

В сентябре 2007 года вышла первая книжка «Ах ты, ежик!»—детская, поэтическая, иллюстрированная, двуязычная—плод сотрудничества автора с переводчиком Робертом Дэппом и иллюстратором Людмилой Ивановой.

В 2008 году вышла первая книга из серии «Поэтические дневники»—«Поэтические дневники. Тетрадь 1» с израильскими иллюстрациями Оксаны Хоменко (дочь автора).

2009 год завершился выпуском музыкального диска «Благодарю Тебя и славлю», который включает 16 песен на слова Ларисы Хоменко, музыка Марии Гуральник.

В 2010 году в Бруклине был выпущен музыкальный диск «Когда выходил Израиль», в котором 6 песен, в том числе и заглавная, написаны на слова Ларисы Хоменко, музыка Натальи Анофриевой.

В 2011 году вышла вторая книга из серии «Поэтические дневники»—«Поэтические дневники. Тетрадь 2», а сейчас вы держите в руках третью книгу из этой серии—«Поэтические дневники. Тетрадь 3».

Лариса Хоменко живет в Филадельфии, у нее двое взрослых детей и двое внуков.